「ルール」や「道具」、「有名選手」から「伝説の選手」、さらには「ラグビーあるある」や「ラグビーにゆかりのある有名人」、「名言」など、ラグビーに関する言葉を集めました。

フルカワマモるさんが描かれたイラストも豊富で、どのページから読んでもラグビーが楽しくなるはず。気になった言葉を調べたり、試合を見ながら読んだりして、よりラグビーを身近に感じていただければ幸いです！

斉藤健仁

この本の読み方＆楽しみ方

Let's try!!

※本書のデータは一部を除き2019年6月時点のものです。

言葉の見方　50音順に「人物」「学校」「チーム」などのラグビーにまつわる言葉を紹介しています。

1 アーリーエンゲイジ＆プッシュ
【あーりーえんげいじあんどぷっしゅ】試

スクラムでよく起こる反則。スクラムはレフリーの「クラウチ、バインド、セット」というコールに合わせて組む。だが、相手より少しでも早く押して有利な体勢を取ろうと、レフリーの「セット」のコールの前に押してしまうと「アーリーエンゲイジ」の反則。またボールが入る前にスクラムを押すと「アーリープッシュ」の反則に。ともに相手ボールのフリーキックで再開。

アーリータックル
2【あーりーたっくる】試

3 ラグビーはボールを持っている選手にしかタックルすることができない。そのため、相手がボールをキャッチする前にタックルするともちろん反則となる。

IRB＝インターナショナルラグビーボード（現ワールドラグビー）

(World Rugby)」と変更。本部はアイルランドのダブリン、加盟国は100を超える。国際大会を開催したり、世界ランキングを算出したり、ルールの変更などが行われている。

アイランダー
【あいらんだー】4 他

ラグビー界の「島人（アイランダー）」と言えば、ワールドカップ出場の常連の南太平洋に浮かぶフィジー、トンガ、サモアの選手を指す。体が大きく運動能力に長けた選

---

1 見出し語（名称）
ラグビーに関する言葉をピックアップして掲載しています。

2 見出し語のかな
見出し語の読み方をひらがなで入れています。

3 解説
見出し語の詳しい解説です。ラグビー愛いっぱいに説明しています。

4 かなの横の記号

- 人 人物
- 場 場所
- 文 文化
- 大 大会
- 戦 戦術・ルール
- チ チーム
- 学 高校・大学
- マ マスコット
- ポ ポジション
- 事 事件
- 名 名言
- あ ラグビーあるある
- 試 試合に関する言葉
- 道 道具・用具
- 他 上記以外の言葉

> 読み解き方

ラグビーに関して気になる言葉の頭文字から、該当のページを探してみてください。

① ラグビーの基礎知識を深める

ラグビーの歴史をはじめ、ルールや選手名など基本的なことを掲載しています。試合を見ていて聞こえてきたルールや用語をはじめ、選手の名前などを調べてみてくだい。

② あるあるネタや事件、名言の見出しでマニアックに

ラグビー経験者やファンであれば、思わず納得したり、ニヤリとしたりしてしまう見出し語も入っています。深いネタでラグビー愛にどっぷり浸かりましょう。

③ とりあえず時間があったらパラパラめくる

どこからでも読み始められるので、気が向いたときにパラパラとめくって、好きなところから読み始めましょう。きっと新たな発見があるはず！

> パラパラマンガ

奇数ページの右下に、パラパラマンガがついています。キックを蹴る様子が存分に楽しめます！

ラグビー語辞典 Contents

- **002** はじめに
- **004** この本の読み方＆楽しみ方

ラグビーの基礎知識！
- **014** ラグビーはじめて物語
- **020** 超基本！ラガーマンの服装と用具あれこれ
- **022** 超基本！ラグビーのグラウンドはこうなっている！
- **024** 超基本！15人のポジションと役割
- **027** 超基本！これだけわかればとりあえずラグビーは楽しめる！
- **028** 超基本！電光掲示板はこう見る！！

- **030** アーリーエンゲイジ＆プッシュ／アーリータックル／IBR＝インターナショナルラグビーボード（現ワールドラグビー）／アイランダー／アカクロ＝臙脂
- **031** アガスティン・ピチョット／赤羽の3人飛ばしパス／アジア大会／アシスタントコーチ
- **032** アシスタントレフリー／アシストタックラー／アシックス／アシックスカップ＝高校7人制ラグビー全国大会／アタック
- **033** アタック・シェイプ／アタックライン／「新しい、(日本の)ラグビーの歴史作りました」／アップ＆アンダー／アディダス
- **034** アドバンテージ／網走／アフターマッチファンクション／雨が降ったらみんなでセービング
- **035** 雨でも雪でも練習はある／アライメント／荒ぶる／アンクルタップ／アングルチェンジ／U20日本代表
- **036** アンドリュー・マコーミック／アンブレラディフェンス／イーデンパーク／稲垣啓太／イエローカード
- **037** 威風堂々／今泉清／岩出雅之／岩渕健輔
- **038** イングランドの貴公子／イングランドの聖地／インゴール／インジャリータイム＝ロスタイム
- **039** インターセプト／インテンショナルノックオン／インビクタス(映画)
- **040** ウィルチェアーラグビー／ウェイン・スミス／上田昭夫／ウェブ・エリス・カップ
- **041** ウォークライ＝ハカ／ウォーレン・ガットランド／ウルビー／ウルフパック／HIA
- **042** H型のボール＝ゴールポスト＆クロスバー／S＆C／SNSでラグビーボールとアメフトのボールを間違えられるとイラッとする／ST＝スクラムトライの略称

- 043　エディー・ジョーンズ／エディー・ジャパン
- 044　エリアマネジメント／大分舞鶴／大久保直弥／大阪桐蔭
- 045　大西将太郎／大西鐵之祐／大野均
- 046　オーバーザトップ＝倒れ込み
- 047　オーバーラップ／大畑大介／オープンサイド
- 048　大八木淳史／オールアウト(漫画)／オールアウト(本)／オールブラックス／オールブラックスのジャージーを着ている人がいると目がいってしまう／奥田瑛二
- 049　小澤征爾／おとり／小野晃征／小野澤宏時
- 050　オフサイド／オブストラクション／オフフィート／オフロードパス＝バックフリップパス／オリンピック

- 052　カーン・ヘスケス／カウンターアタック／カウンターラック(タイガー)
- 053　鏡保幸／ガット(ガットパス)／カットアウト＆カットイン／カットパス＝飛ばしパス
- 054　カパ・オ・パンゴ／釜石鵜住居復興スタジアム／カ・マテ／香山蕃／革のボールをつばで拭く
- 055　カンタベリー(オブ・ニュージーランド)／カンタベリーの服を着ている人を見つけると喜んでしまう／関東大学ラグビー対抗戦
- 056　関東大学リーグ戦／監督＝ヘッドコーチ／カンペイ／キープ
- 057　菊谷崇／危険なプレー／北風／北島忠治
- 058　ラグビーのすごい記録、集めました!!
- 060　キッカー／キック／キックオフ／キックパス
- 061　木村季由／キャッチ／キャップ(＝代表キャップ)／ギャップ
- 062　キャプテン＝スキッパー／キャリアー／キャリーバッグ／京都工学院＝伏見工業／京都産業大／餃子耳(カリフラワーイヤー)
- 063　清宮克幸／コマツ(ランパック)とYASUDAの復活ストーリー
- 064　清宮ワセダがトヨタに勝利／規律＝ディシプリン／ギルバート／クイックスローイング
- 065　クイックタップ／クイックハンズ／グースステップ／くじらいいく子／熊谷ラグビー場
- 066　グラウンディング／グラバーキック＝ゴロパン／グラハム・ヘンリー／クラブラグビー／グランドスラム
- 067　くりぃむしちゅー／栗原徹／クルセイダーズ／クレルモン／薫田真広
- 068　慶應／慶應創部100周年の優勝／啓光の花園4連覇
- 069　ケイブマン／ゲイン(漫画)／ゲインライン＝ゲイン
- 070　ゲート(オフサイド)／ケンドーコバヤシ／高校1年の部活勧誘。タッチフットをして、トライ／高校日本代表(高ジャパ)

ラグビー語辞典 Contents

- **071** 交替／神戸製鋼／神戸製鋼の7連覇
- **072** ゴール＝コンバージョン／ゴールキック／ゴールライン／御所実業
- **073** 黒黄／骨折しても試合に出場／ゴッドセイブザクイーン
- **074** 小松節夫／コラプシング／合計体重が1000kgに達するチームもあるスクラム
- **075** 五郎丸の忍者ポーズをしてから蹴ったことがある／紺グレ／「こんな結末、私には書けない」／コンテストキック／コンバート／コンバート
- **076** 高校ラグビー強豪校紹介！
- **078** 日本代表キャップ保持者トップ10

- **080** サイドアタック／サインプレー／坂井克行／坂田好弘／相良南海夫
- **081** サクラセブンズ(女子セブンズ日本代表)／桜のエンブレム、桜のジャージー／サクラフィフティーン(女子ラグビー日本代表)／ザ・ラグビーチャンピオンシップ
- **082** サラセンズ／沢木敬介／サンウルブス／サンゴリアス君／サンザー／サンドウィッチマン
- **083** サントリー／試合後にどこか痛い／試合時間／試合前の涙
- **084** シークエンス／GPS／ジェイク・ホワイト／ジェイスポーツ／シェイプ
- **085** ジェイミー・ジョセフ／シェーン・ウィリアムズ／ジェネラルマネージャー
- **086** 紫紺／シザーズ＝スイッチ、クロス／7人制ラグビー日本代表／シナリ・ラトゥ
- **087** 下鴨神社　第一蹴の地／ジャッカル(フェッチャー)／ジャッカルの名手＝ジョージ・スミス／「ジャパンウェイ」／ジャパンエスアール
- **088** シャローディフェンス　ブリッツディフェンス　詰め／ジャンパー／重戦車(軍団)／宿澤宏朗
- **089** ジュニア・ジャパン／常翔学園＝大阪工大高／常翔啓光学園＝啓光学園／ジョージ・グレーガン／ショートラインアウト
- **090** 「勝利は奇跡ではなく必然です」／ジョナサン・セクストン／ジョン・カーワン／シルバーファーン／身長、体重のサバを読む／陣取り合戦
- **091** 新日鐵釜石＝釜石シーウェイブスRFC／新日鐵釜石の7連覇
- **092** 「信は力なり」／シンビン／スイープ／スウィング・ロウ・スウィート・チャリオット／スーパーラグビー(SR)／スーパーリーグ
- **093** スーパーラグビーチーム一覧
- **094** 菅平／菅平という文字を見るといまだにテンションが下がる／スキル
- **095** スクール☆ウォーズ〈本〉〈ドラマ〉〈映画〉／スクラム
- **096** 「スクラム組もうぜ！」／スクラムコーチ／スクリューキック／

　　　　スクリューパス＝スピンパス
097　スコア＝得点／スコッド／鈴木彩香／スタンドオフ(SO)＝フライハーフ
　　　＝ファイブエイス、ファーストファイブエイス／スチール
098　スティーブン・ハンセン／スティーブン・ラーカム／ステップ／スパーキー
099　スプリングボクス／スマザータックル／スリーチアーズ
100　スローイング／スローフォワード／スワープ／スワンダイブ
101　世界選抜／世界の橋野／「接近、連続、展開」
102　接点＝ブレイクダウン／セットプレー＝セットピース／セービング
103　セブンズ／セブンズ王国が生んだ神様／セブンズワールドカップ／
　　　全国高校ラグビー大会＝花園／全国高校ラグビー選抜大会
104　1991年 神戸製鋼がウィリアムズの逆転トライで三洋電機に勝利／
　　　1991年 日本代表 W杯でジンバブエに初勝利／
　　　1990年度の早明戦／1971年 イングランドに3-6と大善戦
105　1989年スコットランドに勝利／1968年オールブラックス・ジュニアに
　　　勝利／戦術／戦術的入替
106　センタースクラム／先発＝スターター／戦略／早慶戦＝慶早戦／
　　　早明戦＝明早戦
107　ラガーマンインタビュー①　梶村祐介選手

110　タイガー軍団、タイガージャージー／大学選手権／大東文化／
　　　ダイビングパス／ダイレクトタッチ
111　ダウンボール／倒れ込み／高橋克典／DAZN／舘ひろし
112　タックル／タックルバッグ／タッチ(＝タッチを割る)／タッチキック／
　　　タップ(パス)／タップキック
113　立川理道／田中澄憲／田中史朗／谷口廣明／
　　　ダブルライン＝バックドア
114　田村優／ダン・カーター／チャージ(ダウン)
115　チャンネル／(ヨーロピアン)チャンピオンズカップ／
　　　チョークタックル／チョップタックル／ちょん蹴り＝タップキック
116　筑波／土田雅人／兵、走る／
　　　TMOテレビジョンマッチオフィシャル
117　帝京／帝京の9連覇／ディフェンス／ディフェンスライン
118　デービッド・キャンピージ／テクニック／テストマッチ／デブはPR、
　　　身長が高ければLO、小さければSH、サッカーやっていたらキッカー
119　デフラグビー／テリトリー／10(テン)シェイプ／
　　　天皇崩御により花園両校優勝
120　天理／桐蔭学園／東海／東海大大阪仰星／闘球／同志社
121　同志社の3連覇／東芝／得点王／トップチャレンジ

ラグビー語辞典 Contents

- 122 トップ14／トップリーグ／トップリーグカップ（マイクロソフトカップ）／トニー・ブラウン
- 123 トップリーグチーム一覧
- 124 ドミネントタックル／トヨタ自動車／トライ／トライ王／トライくん
- 125 ドライビングモール／トランジション＝攻守の入替／ドリフトディフェンス／ドリブル
- 126 トレーナー／ドロップアウト／ドロップキック／ドロップゴール／トンプソン・ルーク

な

- 128 ナイキ／9（ナイン）シェイプ／中川家
- 129 中竹竜二／中村知春／流大／夏合宿でのランパス
- 130 22mライン／2013年エディージャパン、ウェールズに勝利／2007年W杯日本がカナダに引き分ける／日体
- 131 日本人初のプロ選手／日本代表になぜ、外国人選手がいるの？
- 132 日本選手権／日本代表選手でもすべてのルールを把握してない／日本の東の聖地
- 133 日本の東の聖地
- 134 認定トライ＝ペナルティートライ／ネーションズチャンピオンシップ／ノーサイド
- 135 ノーサイド（歌）／ノーホイッスルトライ／ノックオン／ノックオン、帝京ボール！
- 136 ノックバック／ノットストレート／ノットリリースザボール／ノミネート

は

- 138 バーシティマッチ／バーバリアンズ／ハーフ＝スクラムハーフ／ハーフタイム
- 139 ハイタックル／ハイパントキック／ハイボールキャッチ／ハイランダーズ／パイルアップ／バインド
- 140 ハカ＝ウォークライ／パス／長谷川慎／8単／BKコーチ／バックフリップパスの名手／バックドア／ハットトリック
- 141 バッファロー
- 142 パナソニック／花園、東福岡と桐蔭学園の両校優勝／林敏之／春口廣
- 143 ハンド／ハンドダミー／ハンマー／PRをプロップ、FBをフルバックなどと読んでしまうラグビー脳
- 144 PからGO＝クイックタップ、タップキック／HERO（歌）／東大阪市花園ラグビー場／東福岡／東福岡の3冠
- 145 飛球の旗／ヒット／ひげ森／姫野和樹

146　ラグビー愛あふれるおいしい花園みやげ
147　ピラー、ポスト／平尾誠二＝ミスターラグビー／平尾プロジェクト
148　ビル・ボーモント／廣瀬佳司／廣瀬俊朗／
　　　フィジアンマジック／フィジカル・モンスター
149　フィフティーン／プール＝予選プール／フェアキャッチ／
　　　フェアプレー／フェイズ／フェッチャー／FWコーチ
150　福岡堅樹／部室はサロンパスのにおいで充満／伏見工業初優勝／
　　　府中朝日フットボールパーク／ブライアン・オドリスコル
151　ブライアン・ハバナ／ブライトンの奇跡／ブラインドサイド／
　　　ブラックファーンズ／ブラックマヨネーズ・小杉／ブラッドビン
152　フランソワ・ピナール／フリーキック(FK)／フリーメーソンズ・ターバン／
　　　ブリティッシュアンドアイリッシュライオンズ／ブルー／
　　　ブルームフォーテーンの悲劇
153　ブルーカード／古谷一行／ブレイクダウン／
　　　プレースキッカー、プレースキック／ブレイブ・ブロッサムズ
154　ブレディスローカップ／プレミアシップ／PR体型＝あんこ型
155　PRのノックオン、トライ／Pro14
156　ブロディー・レタリック／文武両道／平均身長、体重／平成の怪物
157　ヘッドキャップ＝ヘッドギア／ヘッドコーチ
158　ペナルティ＝反則／ペナルティキック／ペナルティゴール(PG)／
　　　ペナルティトライ
159　ペネトレイター＝突破役／ヘラクレス軍団／ヘルドアップインゴール／
　　　ベルナール・ラパセ／ベンチメンバー＝控え／ポイント
160　暴走機関車／ボーデン・バレット／ホームユニオン／
　　　ボールキープ＝キープ
161　ポジションを「FW」というと、点取り屋と勘違いされる／
　　　(ボール)ポゼッション／ボックスキック／ポッド(アタック)
162　ホライズン(漫画)／堀江翔太／堀越正己／香港セブンズ
163　ラグビーのまち府中を知っていますか？

166　マーク(フェアキャッチ)／「前へ」／増保輝則／松尾雄治
167　松島幸太朗／マッチオフィシャル／マッチドクター／
　　　マドンナ(漫画)／魔法のやかん＝やかん
168　箕内拓郎／ミス／ミスマッチ
169　宮崎・シーガイア／茗溪学園／明治
170　明治22年ぶりの優勝／メルローズカップ／モール／
　　　元木由記雄／森喜朗
171　YASUDAのシューズ／安村直樹／矢野武

ラグビー語辞典 Contents

- 172 山口良治／山下真司／山田章仁
- 173 山中湖／ユーミン／雪の早明戦→早稲田優勝
- 174 ゆず・岩沢厚治／ユニオン／ユニット練習
- 175 吉田義人／「4年に一度じゃない、一生に一度だ。-ONCE IN A LIFETIME-」
- 176 みなとラグビーまつり＆サンウルブズ戦にいってきました

ら・わ

- 178 ライガーくん／ラインアウト／ラインオフサイド／ラガマルくん
- 179 ラグビーウィークリー／ラグビー界の「レアル・マドリード」／ラグビー憲章(品位、情熱、結束、規律、尊重)／ラグビー校
- 180 ラグビー日本代表／ラグビーバー／ラグビーはジェントルマンによるフーリガンの試合／ラグビーは少年をいち早く大人にし、大人にいつまでも少年の魂を抱かせる
- 181 ラグビーは紳士のスポーツ／ラグビーはどんな天候でも試合続行。でも雷は試合中断／ラグビー部に入部したが、いつのまにか筋トレばかりやってしまう／ラグビーボール
- 182 インタビュー ラグビー応援キャラクター ラガマルくん
- 184 『ラグビーマガジン』／ラグビーワールドカップ／ラグビーワールドカップアンバサダー／ラグビーを生んだ伝説の男／ラック
- 185 ラン／ランパス／リーグ(ラグビー)／リーチマイケル
- 186 リオ五輪で男子セブンズ日本代表がNZを撃破／リスペクトザキッカー／リザーブ／リッチー・マコウ
- 187 リポビタンD＝大正製薬／ルーツ校／ルーティーン／ループ(プレー)／レイトタックル＝アフタータックル
- 188 レシーバー／レッドカード／レフリー
- 189 練習後、試合後はすぐにプロテインを飲む／ロータックル＝チョップタックル／ロール／ロビー・ディーンズ
- 190 ワールドユニオン(歌)／ワールドラグビー殿堂／ワールドラグビープレイヤーオブザイヤー／Y.C.＆A.C.／和牛・川西
- 191 早稲田／ワラビーズ／ワンフォーオールオールフォーワン
- 192 2019年 ラグビーワールドカップ参加国20
- 194 ラガーマンインタビュー② タマティ・エリソン選手
- 196 レフリーシグナル11

- 198 おわりに
- 199 参考文献

とじ込み付録 ハカ カ・マテの踊り方
ハカ カパ・オ・パンゴの踊り方

ラグビーの基礎知識!

超圧縮版！
ラグビーはじめて物語

日本でも熱いファンが多いラグビー。そのルーツはどこにあるの？ 伝説とされる話も含め、ラグビーの起源と日本での発展にせまります！

🇬🇧 イギリス

ラグビーのはじまり

ラグビーの原点ともいえるフットボール。イングランドでは、町や村の祭りや対抗戦として、原始フットボールが行われていた。

数時間に及ぶ試合もあり、ボールを蹴ったり投げたりして奪い合い、ゴールに運んでいったので、禁止令が出るほど危険だった。

1823年

パブリックスクールで大事件!!

パブリックスクールの"ラグビー校"にいた、マンチェスター生まれのウィリアム・ウェブ・エリス少年がルールを無視して、ボールを持って走ったという伝説がある。それがラグビーの起源だとされる。

※詳しくは辞典のP.184を参照。

独自のルールでプレーをしていた

その頃のパブリックスクールでは、ラグビー校をはじめ、イートン校やハーロー校など、それぞれ学校で独自のルールでフットボールをしていた。

豆知識 ①

1863年10月26日

それぞれの大学でルールを統一する協議が行われ、ロンドンにあるフリーメイソンズ・タバーンというパブ（現在もあります！）で、12のチームにより統一ルールが作られ、協会（アソシエーション）ができサッカーが誕生した。そのため、アソシエーション（Association）式フットボールと呼ばれた。ただ一部の大学のクラブが合意できず、脱退。1871年にラグビー協会が創設され、同年にイングランドとスコットランドの間で初めての世界最古のテストマッチが行われた。

現在はフリーメイソンズ・アームズと名前がかわった。

次のページからはラグビーがいよいよ日本へ！→

日本

日本にラグビーが やってきた！

イギリス生まれのラグビーが日本にやってきたのは1866年。しかし、そのときはまだ選手はみんなイギリス人だった……。

日本在住のイギリス人が集まってできたチームが横浜フットボール・クラブ（現在のY.C.&A.C.）。

慶應義塾大学に ラグビーが紹介される

1899年にはクラーク教授とケンブリッジに留学していた田中銀之助によって、慶應義塾にラグビーが紹介され、1901年に日本人チームとしてはじめて試合を行った。

※詳しくは辞典のP.68を参照。

ラグビーを紹介した、エドワード・B・クラーク教授。

大会の開催と協会の発足

その後、京都の第三高校（旧制）や同志社などにもラグビーが伝えられ、1918年には第1回日本フットボール大会（今の全国高校ラグビーフットボール大会）が開催され、1926年には日本ラグビー蹴球協会が発足された。

初代会長は、医師であり、イギリス留学中にラグビーに熱中した髙木喜寬。

次々と大学でラグビー部創部！！

- 1911 同志社大学
- 1918 早稲田大学
- 1921 東京大学
- 1922 明治大学
- 1923 立教大学
- 1924 法政大学

1928年 関東五大対抗戦がスタート

- 1928年 慶應、明治、早稲田、立教、東大の5大学が戦う。
- 1930年 初めて日本代表が組織されカナダに遠征する（6勝1分）。

ラグビー専用競技場としてつくられる！

戦後、1947年秩父宮ラグビー場完成

聖地

女子学習院跡地に「東京ラグビー場」として完成！ 昭和28(1953)年、財団法人日本ラグビーフットボール協会の名誉総裁であった秩父宮殿下の名前から「秩父宮ラグビー場」となる。

1960～70年代にはおもにこんなことが！

- 1964年　日本選手権開始
- 1965年　大学選手権開始
- 1968年　日本代表がオールブラックス・ジュニアを破る
- 1971年　トライ4点になる

ラグビーブーム到来！

1970年代後半からラグビーファン急増！ 1980年代になると、新日鐵釜石の日本選手権7連覇や、ドラマ「スクール☆ウォーズ」の放映が開始し、ラグビー人気もUP。

らいじんぐ…さん

1980年代のビッグなできごと

- 1984年　同志社大学　慶應義塾大学を倒しての大学選手権3連覇
- 1987年　第1回ワールドカップ開催
- 1987年　初めてオールブラックスが来日
- 1989年　日本代表がスコットランドを破る

その後→

日本

伸び悩む1990年代

1992年、トライが4点から5点になる。1995年には、第3回ワールドカップで日本代表がニュージーランド代表に17－145で大敗。その後、ワールドカップに出場しても勝利できない時代が続く。

17 - 145

いよいよ2000年代突入!!

- 2003年　トップリーグが始まる
- 2005年　啓光学園4連覇
- 2007年　ワールドカップでカナダ代表と引き分ける
- 2012年　エディー・ジョーンズHCが就任
- 2013年　田中史朗、堀江翔太が日本人として初めてスーパーラグビーでプレーし世界への扉を開ける
- 2015年　南アフリカを下すなどワールドカップで3勝を挙げて、五郎丸ブームが起きる
- 2016年　ジェイミー・ジョセフHC就任
- 2019年　帝京の連覇が9で止まる

第84回全国高校ラグビー大会決勝で、大阪の啓光学園（現・常翔啓光学園）が奈良県代表の天理を破り、4年連続6度目の優勝。大会4連覇は、第3～7回大会（1920～24年）に5連覇した同志社中（現・同志社高）以来82年ぶりで、戦後初となる快挙！

この年に、日本代表が初めてウェールズを破る。

そして、2019年秋！日本でワールドカップ開催！

豆知識 ❷

ラグビーワールドカップ開催国

年代	回数	大会名
1987年	第1回	ニュージーランド／オーストラリア大会
1991年	第2回	イングランド大会
1995年	第3回	南アフリカ大会
1999年	第4回	ウェールズ大会
2003年	第5回	オーストラリア大会
2007年	第6回	フランス大会
2011年	第7回	ニュージーランド大会
2015年	第8回	イングランド大会

2019年の日本大会は第9回目となる。

超基本！
ラガーマンの服装と用具あれこれ

ラグビー選手が練習や試合でプレーしているときにつけているギアを徹底紹介！

マウスピース
ラガーマンには必須の用具のひとつ。チームカラーにしている選手も。歯や口を保護するだけでなく、パワーが出やすくなる。

タックルバッグ
タックル練習時、人の代わりにタックルする道具。中は綿が入っている。試合前には敵のジャージーを着せることもある。

パンツ
選手が履くパンツ。走りやすいように短めが一般的だ。ラインアウト時にはパンツを持って持ち上げることも。

ボール・キックティー
ボールは楕円球で、かつては皮だったが現在はゴム製となった。キックティーはプレースキック時に使う。形状はさまざまだ。

スパイク
FWはスクラムを組むため、ミドルカットのラグビー用のスパイクを履く選手が多い。BKはサッカーシューズを履く選手も。

ヘッドキャップ（ヘッドギア）
高校生以下は着用が義務づけられている、頭部の保護や頭部の裂傷から守るギアだ。大学生以上も、母校のものをつけている選手も。

ジャージー
かつては綿で長袖だったが、現在では化学繊維で半袖が一般的になった。軽くて、速乾性があり、相手がつかみにくいものが主流だ。

テーピング
ケガのケアや滑りにくくするために巻く選手もいる。FWのラインアウトジャンパーは太股に巻いて、持ち上げられやすくする。FWはテーピングを太股に巻く選手が多い。

アンダーウェア
コンプレッションウェアともいう。軽く締めつけて、選手のパフォーマンスを上げるインナーである。やや高価で、破れやすい一面も。

ソックス
ラグビーでは裂傷を防ぐ目的もあり、長いソックスを履くのが一般的で、基本的にはジャージーの色と同じ場合が多い。

ジャージーの種類

1st

2nd

ラグビーでは縦縞ではなく、横縞、段柄のジャージーが一般的だ。2ndジャージーは1stジャージーと被らない一色が多い。背中にはGPSの装置をつけることができる。番号は背中のみ。

スタッドって？

スタッドは、スパイクの裏にある滑り止めのこと。BKは樹脂の固定式のシューズを履く選手も多いが、特にスクラムを組むFWは鉄やアルミの交換式のタイプを好んで使っている。

超基本！

ラグビーのグラウンドは
こうなっている！

グラウンドの線にはそれぞれ役割がある。
まずはゴールラインと22mラインを覚えよう！

ハーフウェイライン
エリアの真ん中にある線。これより奥が敵陣、手前が自陣となる。エリア取りのひとつの指標となる。

ゴールポスト＆クロスバー
2本の両サイドのゴールポスト（縦棒）と、高さ3mの位置にあるクロスバー（横棒）の間の空間を通るとキックが成功。

フラッグポスト
大事な線とタッチラインが交わる場所にあるフラッグ。このフラッグは空気と同じためぶつかっても無関係。

ゴールライン
敵陣のこの線より向こうのエリア（インゴール）にボールを置けばトライ。この線自体もインゴールの一部。

デッドボールライン・タッチインゴールライン
ラグビーのグラウンドの一番奥にあるラインだ。このラインの両脇をタッチインゴールラインと呼ぶ。

ヨコの長さ 94〜100m

6〜22m

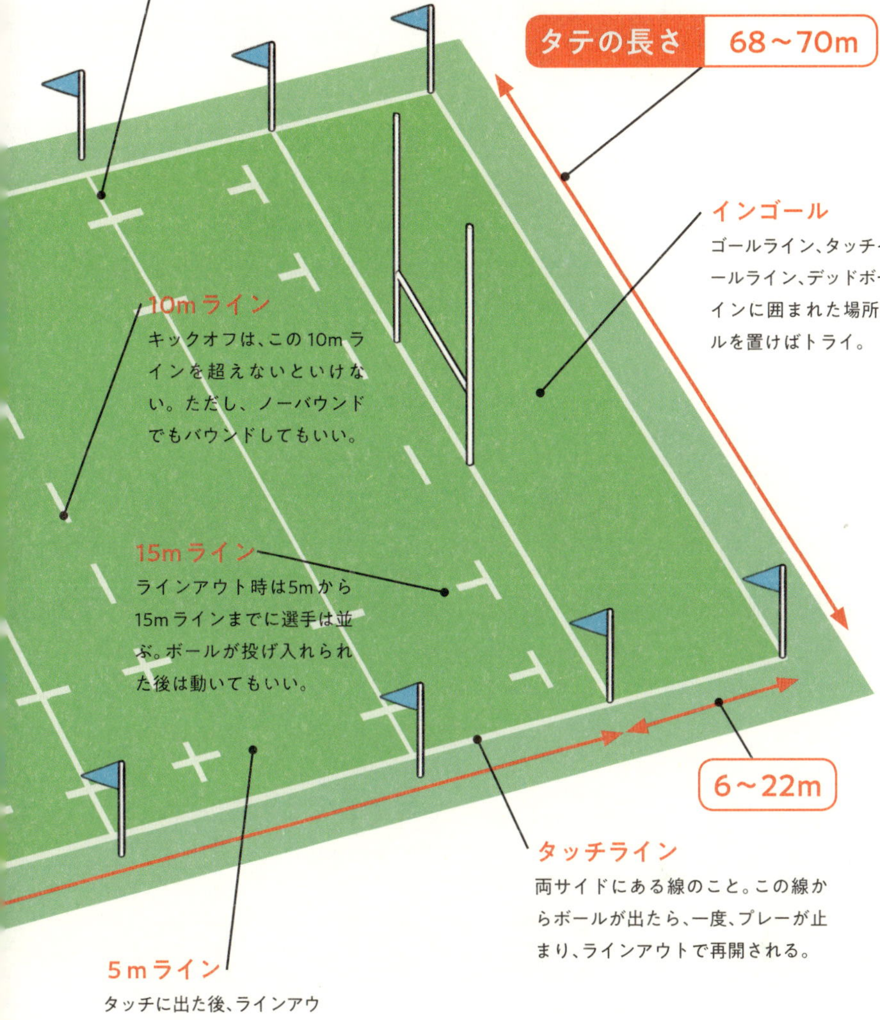

22mライン
エリア取りにとって重要なライン（P.130参照）。自陣22m内に攻められるとピンチ、敵陣22mにいれば好機だ。

タテの長さ　68〜70m

インゴール
ゴールライン、タッチインゴールライン、デッドボールラインに囲まれた場所。ボールを置けばトライ。

10mライン
キックオフは、この10mラインを超えないといけない。ただし、ノーバウンドでもバウンドしてもいい。

15mライン
ラインアウト時は5mから15mラインまでに選手は並ぶ。ボールが投げ入れられた後は動いてもいい。

6〜22m

タッチライン
両サイドにある線のこと。この線からボールが出たら、一度、プレーが止まり、ラインアウトで再開される。

5mライン
タッチに出た後、ラインアウトで再開されるが、投げ入れるボールは5mラインを越さないといけない。

いろんな線があるが、まずはハーフウェイライン、タッチライン、22mライン、ゴールラインの4つの線を覚えれば十分だ。両サイドのタッチラインからボールが出たらラインアウトで再開され、ゴールラインの向こうのエリア（インゴール）にボールを置けばトライとなる。

15人のポジションと役割

ラグビーのポジションは15。それぞれの役割を知ることで、より楽しく観戦できる！

フォワード（FW）

15のポジションのうち前の8人のことを総称しフォワード（FW）という。スクラム、ラインアウトといったセットプレーを安定させて、BKにいいボールを供給することが大きな役割。またボール争奪戦に参加し、ボールを保持したり奪ったりして接点でファイトする。

バックス（BK）

15のポジションのうち後ろの7人をバックス（BK）という。FWが供給したボールを9、10番が中心となって、ボールをパス、キックで展開しトライを取るのが役割だ。FWが黒子であればBKはゲームを作ったり、華麗にトライを取ったりと花形のポジションも多い。

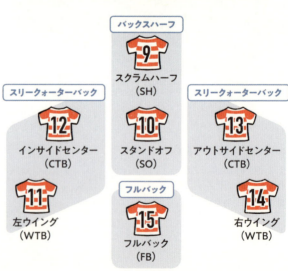

フォワード（FW）

体重が重く、首が太い

プロップ
(PR)＝Prop

支柱という意味で、スクラムを組む時に、最前列で相手FWと組み合う。体重が重く、がっしりした体型の選手が多い。1番（左PR）をルースヘッド、3番（右PR）をタイトヘッドと呼ぶ。

がっちりだけど手足が器用

フッカー
(HO)＝Hooker

スクラムで、最前列中央で相手FWと組み、SHが投げ入れたボールを足でかきだすことからHookerとなった。ラインアウト時にスローワーとなることが多い。がっしりした体型だけでなく、足と手の器用さも求められる。

チーム1背が高く空中戦の要

ロック
(LO)＝Lock

スクラム時に、鍵を掛けるようにしっかりとプロップとフッカーの後方から押し込むため、ロック（Lock）となった。ラインアウトやキックオフで空中戦のボールの争奪戦でも要になるため、チーム一番の長身の選手が多い。

運動量と体力はダントツ

フランカー
(FL)＝Franker

もともとFlankerは側方部隊という意味だ。スクラムを組む時に、後方左右端から押し込む。スクラムに参加するだけでなく、攻撃ではBKをサポート、そして守備は誰よりも早く接点に走ってタックルするなど体力が必要だ。

フォワード陣のリーダー

ナンバーエイト
(No.8)＝Number8

FWの8番目の選手ということでNo.8となった。FWを最後方から指示し統率する。スクラム時には、自らボールキャリアーとなって突破することも。スピードとパワー、判断力など総合力が求められるため主将になる選手も多い。

バックス（BK）

> FWとBKのつなぎ役

スクラムハーフ
(SH)=Scrum Half

全体の真ん中のポジションで、スクラム時にボールを投げ入れるためSHとなった。一番、ボールに触れるポジションであり、FWとBKのつなぎ役として、敏捷性と、的確で正確な判断力が必要。体が小さくても活躍できる。

> チームの司令塔！

スタンドオフ
(SO)=Stand Off

SHはFWの近くからプレーするが、スクラムから離れてプレーするためSOとなった。海外ではキックを蹴ることが多いためフライハーフとも。BK陣を率い、ラン、キック、パスと攻撃の起点となる、チームの司令塔的存在だ。

> 攻守の要

センター
(CTB)=Center Three-Quarter Backs

正式名称はCenter Three-Quarter Backs。フィールドの中央で、攻撃ではトライをアシストし守備ではタックルをする機会が多い、縁の下の力持ち的なポジション。スキルはもちろんスピードとパワーの両方が求められる。

> 足が速い

ウイング
(WTB)=Wing Three-Quarter Backs

正式名称はWing Three-Quarter Backs。BKの両端にいるため、両翼とも呼ばれる。ランでトライを得ることが求められるため、チームの中で最もスピードのある選手が多い。ハイボールキャッチのスキル、スタミナも必要。

> 最後の砦

フルバック
(FB)=Full Back

チーム最後尾のBKということでFBと呼ばれる。後ろからBK陣を統率し、防御ラインの最後の砦となる。ボールを受け、陣地を挽回するためのキックをする回数も多いので、正確かつ長いキックを蹴ることができる選手も多い。

超基本!
これだけわかれば とりあえず ラグビーは楽しめる!

試合時間

前半40分
後半40分

得点の入り方

①	相手のインゴールにボールをつける トライ	**5点**
②	トライを決めた後の コンバージョンゴール(ゴールキック)	**2点**
③	相手側に反則があった後の ペナルティゴール	**3点**
④	相手側の反則がなければトライが成立したとレフリーが判断した ペナルティトライ	**7点**
⑤	攻撃中の ドロップゴール	**3点**

覚えておきたい2つの反則

 ノックオン
ボールを前へ落とす

 スローフォワード
ボールを前へパスする

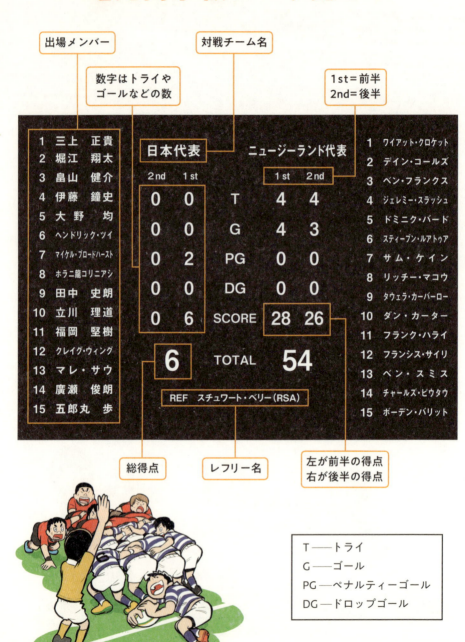

あ

アーリーエンゲイジ&プッシュ
【あーりーえんげいじあんどぷっしゅ】(試)
スクラムでよく起こる反則。スクラムはレフリーの「クラウチ、バインド、セット」というコールに合わせて組む。だが、相手より少しでも早く押して有利な体勢を取ろうと、レフリーの「セット」のコールの前に押してしまうと「アーリーエンゲイジ」の反則。またボールが入る前にスクラムを押すと「アーリープッシュ」の反則に。ともに相手ボールのフリーキックで再開。

アーリータックル
【あーりーたっくる】(試)
ラグビーはボールを持っている選手にしかタックルすることができない。そのため、相手がボールをキャッチする前にタックルするともちろん反則となる。

IRB=インターナショナルラグビーボード(現ワールドラグビー)
【あいあーるびー=いんたーなしょなるらぐびーぼーど(げんわーるどらぐびー)】(他)
1886年に創設された、世界のラグビーの統括団体「International Rugby Board(国際ラグビーボード)」のことで、頭文字からIRBと呼ばれていたが、7人制ラグビー(セブンズ)が五輪競技になり、ラグビーの人気、人口が増加したことにより2014年11月から「ワールドラグビー(World Rugby)」と変更。本部はアイルランドのダブリン、加盟国は100を超える。国際大会を開催したり、世界ランキングを算出したり、ルールの変更などが行われている。

アイランダー
【あいらんだー】(他)
ラグビー界の「島人(アイランダー)」と言えば、ワールドカップ出場の常連の南太平洋に浮かぶフィジー、トンガ、サモアの選手を指す。体が大きく運動能力に長けた選手が多いのが特徴。ニュージーランド、オーストラリアに住む移民も。日本、イングランドなどにもアイランダー系の選手がおり、No.8やWTBなどによく見られる。

アカクロ=臙脂
【あかくろ=えんじ】(他)
「アカクロ(赤黒)」と言えば、早稲田大ラグビー部Aチームが着るファーストジャージーのことで、部員たちのあこがれの的。「アカクロを目指す」と言えば1軍での試合出場を指す。もともと臙脂(えび茶)は早稲田大のスクールカラーで、100年以上前に野球部を指導したアメリカ人指導者の母校・シカゴ大の校色からとったものとされる。

アカクロを目指す!

アガスティン・ピチョット
【あがすてぃん・ぴちょっと】人

1974年8月生まれ。「ワールドラグビー」の改革に奮闘し続ける若き副会長。ラグビー一家に生まれた、元アルゼンチン代表のSHで、4大会連続ワールドカップに出場。2007年大会では3位に導いた主将だった。ロンドン大で勉強しながらプレーしフランスの名門スタッド・フランセなどにも在籍。引退後はアルゼンチン協会を引っ張り、現職に。代表キャップ71。

赤羽の3人飛ばしパス
【あかばねのさんにんとばしぱす】事

「花園」こと全国高校ラグビー大会の名シーンのひとつで、茗溪学園(茨城)のパスラグビーを代表するプレーだ。1988年度の第68回大会の花園決勝は昭和64年1月7日の昭和天皇崩御の影響で中止となり、大阪工大高(大阪、現・常翔学園)と茗溪学園の両校優勝となった。茗溪学園の伝説の飛ばしパスが出たのは準々決勝のことだった。茗溪は奈良の名門・天理と対戦した。前半2分、ラインアウトからのモールを起点にSO赤羽俊孝が好判断。味方3人を飛ばして、大きなスペースのあった左WTB加藤賢へ30mのロングパスを通し、そのまま加藤が快足を活かしてトライ！　このトライや赤羽のDGもあり11-9で勝利し、勢いに乗った茗溪学園は続く準決勝で淀川工業(大阪)を下して決勝進出。そして、決勝は行われなかったものの初優勝を飾った。

アジア大会
【あじあたいかい】大

夏季オリンピックの間の年に、4年に一度行われる、アジア競技大会のことだ。ラグビーは1988年のバンコク大会から正式種目となり、15人制も7人制も同時に行われていたが、2006年から7人制ラグビー(セブンズ)に一本化。2010年から男女開催となった。セブンズ日本代表は、男子は2006年から3連覇を達成し、女子は2018年大会で初めて金メダルを獲得した。

アシスタントコーチ
【あしすたんとこーち】ポ

チームを指揮する監督やヘッドコーチ(HC)がいるが、それをサポートするのがアシスタントコーチ(AC)。アタックやディフェンス、FW、BK、スクラムなどの様々な専門的なコーチがおり、その総称として使われることが多い。

アシスタントレフリー
【あしすたんとれふりー】試

タッチラインの両サイドで、レフリーを補佐する役割を持つ２人のレフリーで、ARとも呼ばれる。2007年度までタッチジャッジとも（現在でも資格がない場合は、タッチジャッジという）。ボールがタッチに出たか、プレースキックが決まったかなどをレフリーの指示に従いながら補佐を行う。

アシストタックラー
【あしすとたっくらー】戦

１人目の選手が相手にタックルした後、関与する２人目の選手を「アシストタックラー」と呼ぶ。１人目の選手が下へタックルに行った場合に上にタックルに行って倒し切ったり、１人目のタックルが相手を倒した場合はボールに絡んだり、ジャッカルに行ったり、乗り越えたりといったアクションをする。相手のボールを遅らせる、奪い返すためには１人目だけでなく、２人目＝アシストタックラーの判断、働きも重要。

アシックス
【あしっくす】他

神戸に本社を置く日本を代表するスポーツメーカーだ。1949年に鬼塚喜八郎が創業し、バスケットシューズの製造販売をしたことに始まる。ブランド名も「ASICS」で、特にシューズに強みを持つ。2019年ラグビーワールドカップ、2020年の東京五輪を見据えて、高校生の７人制ラグビーの全国大会をスポンサードし始め、ラグビーのシューズなどの製作にも力を入れている。2019年現在、オーストラリア代表、南アフリカ代表がアシックス製のジャージーを着ている。

アシックスカップ＝高校７人制ラグビー全国大会
【あしっくすかっぷ＝こうこうしちにんせいらぐびーぜんこくたいかい】大

７月に行われている、高校生の７人制ラグビーの日本一を決める大会。アシックスが冠スポンサーのため「アシックスカップ」に。７人制ラグビーがオリンピック種目となり、その強化を目的として2014年から始まった。高校３大大会のひとつで、春の選抜、夏の７人制、冬の花園に勝つことを「３冠」という。

アタック
【あたっく】試

アタック（Attack）は日本語では攻撃という意味で、ATと略される。トライを狙い、ボールを持って攻撃している状況を指す。敵陣近くでボールを保持する時間が長くなればなるほど得点のチャンスは増えていく。反対はディフェンス（DF）。

アタック・シェイプ
【あたっく・しぇいぷ】⟨戦⟩
単に「シェイプ」とも呼ばれるアタックの戦術のひとつ。もともとリーグラグビー（13人制ラグビー）で行われていたもので、日本ではエディー・ジョーンズHCがサントリーに導入し有名になり、2012年からジョーンズHCが日本代表指揮官になると日本代表でも採用、2015年ワールドカップで3勝を挙げたチームの基本戦術となった。9番の横にFWが2〜3人立ち、10番（SO）の横にFWが2人、12番の横にもFWやBKの選手が立ち、個々のユニットが重なるように、重層的なアタックラインを敷いた攻撃のこと。現在でも相手ゴール前で使うチームが多い。

アタックライン
【あたっくらいん】⟨試⟩
実際に目で見えるラインではないが、アタック側の選手たちが並んでいる様子を、ラインに喩えた言葉。近年ではアライメント（一列に並ぶこと）ともいう。ディフェンスラインも同様だ。

「新しい、(日本の)ラグビーの歴史作りました」
【あたらしい、(にほんの)ラグビーのれきしつくりました】⟨名⟩
2015年のワールドカップで日本代表は、予選プールで南アフリカ代表、サモア代表、アメリカ代表を下し、3勝を挙げながら初めて決勝トーナメント進出を逃したチームとなったが、全体9位で大会を終えた。エディー・ジョーンズHC（当時）は2012年の就任当初、「世界トップ10」を目標に掲げたが、まさしくそれを有言実行したと言えよう。帰国会見で、ジョーンズHCが日本語で発した言葉が「新しい、(日本の)ラグビーの歴史作りました」だった。日本代表は過去ワールドカップで、24年間で1勝しか挙げられず勝率は出場チーム中最低だったが、2015年大会は3勝を挙げて新しい歴史を刻むことに成功した。

アップ＆アンダー
【あっぷあんどあんだー】⟨戦⟩
攻撃の戦法のひとつ。ハイパントキックを蹴りボールが空中に浮いている間に前進、キャッチする相手にプレッシャーをかけてボールを奪い返し、速攻を仕掛ける。「キック＆ラッシュ」とも。慶應義塾大や啓光学園が得意だった戦法としても有名だ。

アディダス
【あでぃだす】⟨他⟩
ドイツのバイエルン州に本社があるスポーツメーカー。1949年に設立。三本線がトレードマークだ。サッカーのイメージも強いが、ラグビー界ではニュージーランド代表が1999年から現在まで契約し続けている。日本でもサントリーや神戸製鋼、リコーなどがアディダス製のジャージーを着ている。

アドバンテージ
【あどばんてーじ】(試)
相手のペナルティやミスが起きて攻撃側に有利だと思った場合、ゲームが流れるようにレフリーが「アドバンテージ」とコールしプレーを継続するルール。戦術的または地域的に利益を得たかレフリーが判断するが、一般的にペナルティやミスが起きた地点よりも前方に進んだ場合は「アドバンテージオーバー」とレフリーがコールしそのままゲームが進む。攻撃側がミスなどして有利にならなかった場合、「アドバンテージ」が起きた地点に戻して試合を再開。

網走
【あばしり】(場)
30年ほど前から夏でも冷涼な土地を求めて、北海道・網走で夏合宿するチームが出てきた。現在はトップリーグの「夏合宿のメッカ」となり、「網走スポーツ・トレーニングフィールド」で練習する。7人制男子日本代表も使用し、2019年夏には15人制男子日本代表が訪れ、ワールドカップ時はフィジー代表の公認キャンプ地にも選ばれた。

アフターマッチファンクション
【あふたーまっちふぁんくしょん】(他)
読んで字のごとく、試合後に敵味方の区別なく、関係者も含めて、お酒やジュースを飲んだり、軽食を食べたりしてお互いを称え合う会だ。大学生以上は軽くお酒を飲む場合も。まさしくラグビー精神を象徴するイベントで、ノーサイドをまさしく体現している。単に「ファンクション」とも。

雨が降ったらみんなでセービング
【あめがふったらみんなでせーびんぐ】(あ)
大雨が降ってグランドが水浸しになってもラグビーの練習は行われるのが通例だ。滑りやすくなるために、いつも以上に選手たちはセービングを繰り返してしまう。セービングはグラウンドに転がっているボールを、地面に体をなげうって確保する基本プレーのひとつだ。

雨でも雪でも練習はある
【あめでもゆきでもれんしゅうはある】㋐

ラグビー以外の屋外競技であれば、大雨や雪の場合は試合や練習が中止になる場合も多いだろう。ただしラグビーは大雨でも雪が積もっても試合が行われ、当然、練習も行われる。大雪が積もった場合は、1987年の雪の「早明戦」のように、その雪を関係者で外にどけて試合を行う場合も。大雨でも雪でもプレーするラグビーだが、雷が鳴っているときだけは中止になる。

アライメント
【あらいめんと】㊊

アライメント（alignment）は直訳すると「整列」「一列に並ぶこと」という意の英語で、選手が列をなして立っている状態を指す。アタックラインやディフェンスラインの替わりに「アライメントが良かった、悪かった」などと使うようになった。

荒ぶる
【あらぶる】㊩

早稲田大ラグビー部には「北風」という部歌があるが、第2部歌が「荒ぶる」だ。この「荒ぶる」は早稲田大ラグビー部では大学選手権で優勝した後か、日本選手権で優勝した後にしか歌えない。そのため、早稲田大ラグビー部の選手は大学選手権優勝のことを「今年度こそ"荒ぶる"を歌いたい」と表現することも。

アンクルタップ
【あんくるたっぷ】㊊

タックルのテクニックのひとつだ。ボールを持ったランナーに抜かれてしまった後、ディフェンス側が一か八か、相手の足首（アンクル）やかかとを、片手を伸ばしてタップし転がしたり、倒したりするテクニック。

アングルチェンジ
【あんぐるちぇんじ】㊇

アングル（angle）とは角度という意で、鋭角な角度で走り込むランのことを指す用語。センターなどに得意な選手が多く、たとえば左展開でボールがつながる中で、内側にえぐるようにアングルチェンジして走り込みラインブレイクを試みる。ボールが空中に浮いている間に角度を変えてスピードをつけて走り込み、相手にタックルをまともに受けないようにするのが狙い。

U20日本代表
【あんだーとうえんてぃーにほんだいひょう】㊩

フル代表、ジャパンA、ジュニア・ジャパンに次ぐ、ユースの日本代表だ。大学3年生の早生まれの選手までが選考対象。U20世代は世界の12チームが戦う「ワールドラグビーU20チャンピオンシップ（1部）」が毎年開催され、最下位は「ワールドラグビーU20トロフィー（2部）」に降格。逆に2部の優勝チームは翌年の1部に昇格できる。

アンドリュー・マコーミック
【あんどりゅー・まこーみっく】(人)
1967年、ニュージーランド生まれ。ポジションはCTB。1992年に来日して東芝府中(現・東芝)に加入。1996年度から主将として日本選手権3連覇に貢献。1996年に日本代表入りし、1998年から外国人として初めて日本代表の主将を務め、1999年ワールドカップに出場。25キャップを誇る。36歳までプレーし2003年度に引退。トップリーグや大学のコーチを歴任している。祖父と父はともにオールブラックス。愛称アンガス。

アンブレラディフェンス
【あんぶれらでぃふぇんす】(戦)
ディフェンスの戦法のひとつ。ディフェンスラインを形成する中で、センターなどの選手が極端に前に出て傘のような形に見えるためこう呼ばれる。相手の外へのパスを遮断、展開させないことを狙っている。

イーデンパーク
【イーデンパーク】(場)
オークランドにあるスタジアムでニュージーランドのラグビー場のひとつ。1900年建設。オークランドのクリケット、ラグビー協会の本拠地でもある。ブルーズやニュージーランド代表の試合が行われている。1987年、2015年のワールドカップで、オールブラックスが優勝杯を掲げた場所でもある。観客収容人数は国内最大の5万人で、スタジアムツアーも行われており、オークランドの観光スポットとなっている。

稲垣啓太
【いながきけいた】(人)
1990年新潟県生まれ。新潟工業、関東学院大を経てパナソニックでプレーする左PR。2014年に代表デビューし、2015年ワールドカップでも活躍。同年にはレベルズでもプレーした。トップリーグでは新人賞を獲得、ルーキーイヤーから2018度まで「ベスト15」を6季連続受賞。お洒落が好きな大食漢。愛称は「ガッキー」。身長183cm、体重115kg。

イエローカード
【いえろーかーど】(試)
他の競技でも使用されているイエローカード。ラグビーでは危険なプレー、故意の反則、反則の繰り返し、トライになる決定的なプレーを妨害したときなどにレフリーから提示される。10分間(セブンズの場合は2分)のシンビン(一時的退出)となる。1996年から採用。なおイエローカードが2枚出されるとレッドカードが出され、退場に。

威風堂々
【いふうどうどう】文

「ゆず」が唄う日本ラグビー応援ソング。作詞・作曲は高校時代ラグビー経験者である岩沢厚治。2004年の9月のトップリーグ開幕戦会場にて先行発売。一時期はオークションでも高値がつくほどで、同年12月ファンクラブ「ゆずの輪」でも通信販売された。またラグビーワールドカップ2007の日本での中継番組イメージソングに使われた。

今泉清
【いまいずみきよし】人

1967年生まれ、大分県出身。1980年代から90年頃にかけて活躍したFB。日本代表8キャップを持つ。特に早稲田大のFBとして国立競技場を沸かせたことで有名。プレースキックを蹴るときにファンから「1，2，3，4，5」と声がかかることが定番だった。2000年度に引退するとコーチ業以外にTVの解説なども行う。

岩出雅之
【いわでまさゆき】人

1958年生まれ、和歌山県出身。帝京大ラグビー部監督であり帝京大の教授でもある。日体大ではFLとして活躍し、1978年度の日本一に貢献した。大学卒業後、八幡工業（滋賀）を7年連続花園に出場させた後、1996年より帝京大学ラグビー部監督となり、2009年度から9年連続大学日本一に導いた。ラグビーの指導だけでなくマネジメント能力に定評がある。

岩渕健輔
【いわぶちけんすけ】人

1975年生まれ、東京都出身。男女7人制日本代表総監督＆男子の指揮官を兼任している。前職は日本代表のGMとして2015年ワールドカップの日本代表の3勝に貢献。選手としては青山学院高校時代からSOとして活躍、青山学院大時代から日本代表に選出。パスやステップなどのスキルに長けた選手として知られ、イングランドやフランスのクラブでもプレーした。代表キャップは20。2019年6月末より、日本ラグビー協会の専務理事に就任。

イングランドの貴公子
【いんぐらんどのきこうし】⼈

ジョニー・ウィルキンソン。1979年、イギリス・サリー州生まれ。元イングランド代表SO。キックが正確で、イケメンのイングランド代表選手という共通点から「ラグビー界のデービッド・ベッカム」とも呼ばれた。ベッカムとCMでも共演。2003年のラグビーワールドカップの決勝、延長戦で約30mのDGを利き足ではない右で決めてラグビーの母国に初の戴冠をもたらしたことはあまりにも有名。2009年～2014年はフランスのトゥーロンに在籍し、2度の欧州王者にも輝いた。引退後はキッキングコーチを務めており、現在はイングランド代表のコーチでもある。テニスやクリケットもプロレベルだったという。愛称はウィルコ、イングランド代表キャップは97を誇る。

ウィルコ

イングランドの聖地
【いんぐらんどのせいち】場

ラグビーの母国イングランドの「ラグビーの聖地」トゥイッケナムスタジアムは、収容人数82000人を誇るラグビー専用競技場。選手であれば誰しもがプレーしたい場所である。イングランド代表の本拠地でもあり、プレミアシップの大きな試合などの会場にもなる。イングランドラグビー協会の持ち物で、協会の所在地でもある。ロンドンのリッチモンドの西にあり、もともとキャベツ畑だったが、1909年にオープン。徐々に改築、増設され現在の姿になった。ワールドカップの会場としては1991年、1999年、2015年に使用。スタジアムツアーも行われており博物館やショップも併設。有名アーティストのコンサートも行われている。

ラグビー専用！

インゴール
【いんごーる】試

グラウンドの両サイドの一番奥にあるエリアで、敵陣のインゴールにボールを置くとトライ（＝5点）となる。インゴールは6m～22mと決まっており、大きな国際大会はインゴールの広いグラウンドで行われる。ライン上もインゴールの一部であり、ボールがラインに触れればトライとなる。相手が持ち込んだボールを自陣のインゴールに置くとドロップアウトで再開。自分たちが持ち込んだボールを自陣のインゴールに置くと相手ボールの5mスクラムで再開される。

インジャリータイム＝ロスタイム
【いんじゃりーたいむ＝ろすたいむ】試

サッカーなど他競技でもお馴染みで、選手交替や負傷者の処置などに使われた時間を、

前半、後半が終わった40分の後にレフリーの判断で追加された時間のこと。高校や大学の試合ではまだロスタイムがあるが、トップリーグや国際試合などでは、時間を計る専門のレフリーがいるタイムキーパー制で行われておりロスタイムはない。アディショナルタイムとも言われる。

インターセプト
【いんたーせぷと】試
相手のパスが空中に浮いている間に、ディフェンス側の選手がそのボールを奪ってしまうビッグプレーだ。攻守が入れ替わり大きなチャンスとなる。自陣奥深くでインターセプトし、そのままボールをつないでトライというシーンもよく見られる。

インテンショナルノックオン
【いんてんしょなるのっくおん】試
直訳すると「意図的なノックオン」だ。ノックオンはボールを手や腕に当てて落としてしまうミス（小さな反則）で、相手ボールのスクラムで試合は再開される。ただ、相手のパスが成立するのをはたくなどして意図的に妨害したとレフリーに判断されると「インテンショナルノックオン」となりペナルティとなる。トライのパスを妨害するとペナルティトライになるときも。

インビクタス（映画）
【いんぴくたす】文
「Invictus（インビクタス／負けざる者たち）」。2009年のアメリカ映画。クリント・イーストウッド監督、モーガン・フリーマンとマット・デイモン主演。1995年南アフリカで開催されたワールドカップが舞台。27年間の投獄の後、黒人初の南アフリカ大統領となったネルソン・マンデラはラグビーを通じ人々を団結させられると信じ、代表チームの立て直しを図る。彼の"不屈の精神"により黒人と白人が一体となり、奇跡の優勝をもたらした感動のストーリー。

ウィルチェアーラグビー
【うぃるちぇあーらぐびー】⑩
四肢に障害を持つ選手が行うパラリンピックの競技で、車いすに乗って4対4で戦う。車イス同士の接触も認められており「マーダーボール（MURDER BALL）」とも。2000年のシドニー大会から公式種目となった。体育館でバスケットボールと同じコートの広さで行われ、ラグビーと名がついているがパスは前に投げることも可能。コートの奥にボールを運べば1点。日本は世界王者になるなど強豪国のひとつ。東京五輪で金メダル獲得に期待しよう。

ウェイン・スミス
【うぇいん・すみす】⑧
1957年生まれ。選手としてオールブラックスなどで活躍し、引退後、クルセイダーズの指揮官として2度の優勝をもたらす。2000年からニュージーランド代表のコーチとなり、一時離れるが2011年、2015年ワールドカップの連覇に貢献。2012年度、2013年度にアシスタントコーチとしてチーフスの優勝にも貢献。2018年から神戸製鋼の総監督となり優勝に大きく寄与した。

上田昭夫
【うえだあきお】⑧
1952年〜2015年。東京都出身。慶應義塾大を指揮して1985年度、1999年度に大学選手権優勝にもたらし、1985年は日本選手権も制した名指導者。選手としても小柄なSHとして活躍し、慶應義塾大学、トヨタ自動車を経て、日本代表にも選ばれ6キャップを誇る。指導者になった後、フジテレビに転職し、ニュースキャスターとしても人気を博した。

ウェブ・エリス・カップ
【うぇぶ・えりす・かっぷ】⑩
ラグビーワールドカップの優勝カップ。名前の由来はラグビーの創始者という伝説を持つウィリアム・ウェブ・エリスにちなんだ。1906年製作。純銀製で、金箔で覆われている。カップの表面にはライオンのマスク、ぶどうの木などの装飾がなされている。高さ472mm、重さ4.5kgで、第1回大会からの優勝チームの名が刻まれている。つまり2019大会前まではニュージーランド（3回）、オーストラリア（2回）、南アフリカ（2回）、イングランド（1回）の4カ国しか彫られていない。

ウォークライ＝ハカ
【うぉーくらい＝はか】⑩

「オールブラックス」ことニュージーランド代表が試合前に踊るマオリ族の踊りを「ハカ」といい、戦いの前の踊りということで「ウォークライ（War Cry）」とも呼ばれる。オールブラックスには「カ・マテ」「カパ・オ・パンゴ」と2種類ある。アイランダーの国々も試合前に踊り、トンガは「シピ・タウ」、サモアは「シヴァ・タウ」、フィジーは「シビ」とそれぞれ呼ばれている。セブンズの場合は大会で優勝した後に踊り、他の競技でも試合後に踊る場合が多い。「カ・マテ」と「カパ・オ・パンゴ」の踊り方は巻末を参照。TVを見ながら踊ってみよう！

ウォーレン・ガットランド
【うぉーれん・がっとらんど】⑧

1963年生まれ、ニュージーランド出身の指導者。現役時代はHO。各国のクラブでコーチを経験した後、2007年にウェールズ代表の指揮官に就任、以来シックス・ネーションズで3度の優勝をもたらすなど世界的な名将。2021年、3度目のブリティッシュ＆アイリッシュライオンズの監督を務める。

ウルビー
【うるびー】▽

サンウルブズのマスコットで狼の「ウルビー」。ラグビーをやっておりポジションは10番。趣味は筋トレ、特技はダンス、口ぐせは「AWOOOO!」。試合前には元気な姿を見せてファンを勇気づけている！

ウルフパック
【うるふぱっく】⑩

2019年ワールドカップに向けての強化のため、日本代表候補で編成された特別チーム。狼の群れの意。国内外で6試合を行った。なおサンウルブズのファンクラブは「サンウルフパック」だ。

HIA
【えいちあいえー】試

HIA（Head Injury Assessment）は、試合中にドクターにより脳しんとうの疑いがある選手をチェックのため10分間、一時的に退出させるルール。その間は一時交替が認められている。脳しんとうと判定された選手は交替になる。2015年から、よりラグビーを安全な競技にするために取られた施策だ。

SNSでラグビーボールとアメフトのボールを間違えられるとイラッとする
【えすえぬえすでらぐびーぼーるとあめふとのぼーるをまちがえられるといらっとする】あ

TwitterやfacebookなどのSNSで、ラグビーの話題が出たとき、絵文字が使われることも多いが、多くの人がアメリカンフットボールの絵文字を使いがち、だ。ラグビー経験者は「それはアメフト！　ラグビーボールはこっち！」とどうしても心の中で思ってしまう。

ST＝スクラムトライの略称
【えすてぃー＝すくらむとらいのりゃくしょう】試

STとはスクラムトライの略称である。相手陣5mなどのマイボールのスクラムから、スクラムを組んだまま押し込んでいって、最後にNo.8などがインゴールにグラウンディングするトライである。もしSTが決まれば、FWが相手FWを押し切ってのトライのため、チームに大きな流れが来ることは間違いなし！　STになるのを防ごうとして故意にスクラムを落としたりすると、ペナルティトライとなってしまうことも。スクラムの強いチームのスタンドからは「ST」という声も聞こえるほどだ。

H型のポール＝ゴールポスト＆クロスバー
【えいちがたのぼーる＝ごーるぽすとあんどくろすばー】他

トライ後のゴールやPGを狙う場所は、高さ3mのクロスバー、幅5.6mの2本のゴールポストの間で、その間を通れば成功となる。ワールドカップではゴールポストは17mのものが使われる。アルファベットのHに似ているためよく喩えられる。

S&C
【えすあんどしー】戦

S&Cとは（strength and conditioning）の頭文字であり、S&Cコーチとは、その担当コーチのこと。各選手のフィジカルやフィットネスの強化だけでなく、試合や試合に臨むにあたってのコンディションの調整も含めた言葉であり、2010年にエディー・ジョーンズHCがサントリーの指揮官に就任して以来、日本のラグビー界でも知れわたり、一般的な言葉となった。

エディー・ジョーンズ
【えでぃー・じょーんず】(人)

1960年生まれ、オーストラリア出身の指導者。父はオーストラリア人、母は日本人。妻も日本人という親日家。もともとランドウィックというクラブでHOとしてプレー、大学卒業後は教師となり校長も務めた。1995年からプロのコーチとなり東海大を指導するため来日、1996年には日本代表のFWも指導。1997年にはサントリーのFWコーチに就任したが半年で辞めてブランビーズの指揮官となり、2001年にスーパーラグビーで初優勝をもたらす。2001年からオーストラリア代表の指揮官に就任、2003年のワールドカップで準優勝をもたらした。レッズやサラセンズなど指揮を経て2010年度からサントリーのヘッドコーチに就任、日本選手権優勝を果たす。翌2011年度はトップリーグと日本選手権の2冠に導いた。その実績を買われて2012年から日本代表のヘッドコーチとなり、2015年ワールドカップでは南アフリカからの勝利を含む、3勝を挙げて日本ラグビー界の歴史を変える立役者に。大会終了後は、イングランド代表の指揮官に就任、2016年、17年とシックス・ネーションズで2連覇を達成。アタック戦術やマネジメント能力に長けた指導者である。

エディー・ジャパン
【えでぃー・じゃぱん】(他)

2012年からエディー・ジョーンズが率いた日本代表のこと。テストマッチの通算成績は29勝15敗だった。早朝からのハードワークや1日3部練習、さらに「アタック・シェイプ」などの戦術で、2012年には敵地で初めて欧州勢(ルーマニア、ジョージア)を下し、2013年には史上初めてウェールズに勝利、2014年にはホームでイタリアも倒した。そして2015年のワールドカップでは初対決となった南アフリカを倒し、さらにサモア、アメリカにも勝利し3勝を挙げて世界を驚かせた。

エリアマネジメント
【えりあまねじめんと】戦

陣取り合戦であるラグビー。敵陣にいた方がトライに近づき、PGも決められる可能性が高いため得点のチャンスが広がる。相手ボールだとしても自陣インゴールまで距離があるので、得点されにくい。逆に自陣にいる時間が長いと相手に得点のチャンスを相手に与えてしまう。敵陣でどう戦うか、また自陣からどう脱出するか、キック、パス、ランを交えてエリアをコントロールすることが「エリアマネジメント」だ。

大分舞鶴
【おおいたまいづる】学

大分県立大分舞鶴は2018年度の「花園」こと全国高校ラグビー大会で33回連続57回目出場を果たした九州の雄だ。進学校としても知られ、黒いジャージーですっかりお馴染み。過去には優勝1回、準優勝3回、ベスト4回という輝かしい記録を残しており、今泉清、伊藤平一郎（ヤマハ発動機）といった日本代表選手も輩出している。また1983年度の花園では天理（奈良）と大分舞鶴が決勝で対戦し、最後のトライ後のゴールを大分舞鶴のFB福浦孝二が外し16－18でノーサイド。この試合を見て松任谷由実さんが、名曲「ノーサイド」を作詞作曲したという。

大久保直弥
【おおくぼなおや】人

1975年、神奈川県生まれの指導者。法政二高ではバレーに打ち込み、全国大会に出場。法政大からラグビーをはじめて、サントリーでは主将を務め、日本代表まで上り詰めた異例のFLだった。1999年、2003年のワールドカップに出場。選手引退後、サントリーを指揮し2012年度はチームを2冠に導く。2015年からはNTTコミュニケーションズのコーチを務め、2019年はサンウルブズのFWコーチに。代表キャップ23。

白い旋風！

大阪桐蔭
【おおさかとういん】学

花園ラグビー場に比較的近い、大阪府大東市にある私立のラグビー強豪高。創部は昭和22年で1995年度に花園初出場した。2018年度の「花園」こと全国高校ラグビーで、7年連続13回目の出場で初優勝を遂げた。愛称は「白い旋風」で知られるようにファーストジャージーは白。Ⅲ類というスポーツ・芸術コースがあり、野球部も甲子園常連の強豪として有名だ。

編み出した。1968年にはオールブラックス・ジュニアに23－19で勝利し、1971年はイングランドXVとの3－6の接戦を演じるなど革新的なラグビーを実践し、多くの指導者、選手に影響を与えた。早稲田大学高等学院の指導者として3度、花園出場に導いた。

大野均
【おおのひとし】人

1978年、福島県生まれ。41歳になっても現役を続けるLOで、日本ラグビー界の「鉄人」。2007年から3大会連続ワールドカップに出場し代表キャップは最多の98を誇る。小さい頃から農業を営んでいた親の仕事を手伝っていた。清陵情報高では野球部だったが、地元の日本大学工学部入学後にラグビーを始める。元・東芝の指揮官だった薫田真広氏に見いだされて、東芝府中(当時)で急成長。トップリーグではベスト15に過去9回選出、2016年にはスーパーラグビーデビューも果たした。座右の銘は「灰になってもまだ燃える」。愛称は「均(キン)ちゃん」。酒豪としても有名。

大西将太郎
【おおにししょうたろう】人

1978年大阪府生まれ。花園ラグビー場の近くで生まれ育ち、一貫して関西協会所属のチームでプレーした名CTB。現在では立命館大でコーチをする傍ら、TVの解説や競技の普及に精を出す。啓光学園で花園準優勝。同志社大時代に日本代表に選出、2007年ワールドカップのカナダ戦では12－12の同点に追いつくPGを決め、日本代表の連敗記録を13で止めた。ワールド、ヤマハ発動機、近鉄、豊田自動織機と4チームに所属し、リーグ戦通算143試合に出場。2007年度は「ベスト15」「得点王」「ベストキッカー賞」の三冠に輝いた。代表キャップ33。

大西鐵之祐
【おおにしてつのすけ】人

1916年～1995年、奈良県出身。早稲田大ラグビー監督を3度にわたって務め、大学日本一に導いた名将。1996～71年まで日本代表の監督も務め、日本人の俊敏性と持久力を活かす戦術として「接近・展開・連続」を掲げ、「カンペイ」などのサインプレーも

オーバーザトップ＝倒れ込み
【おーばーざとっぷ＝たおれこみ】 試

オーバーザトップ（over the top＝倒れ込み）はラックにおけるボールの争奪戦で起きるペナルティだ。ラグビーは両足を地面についた状態でプレーすることが原則だが、手やヒザなどを地面につけて自立をしない状態で相手のジャッカルを妨げてはいけない。

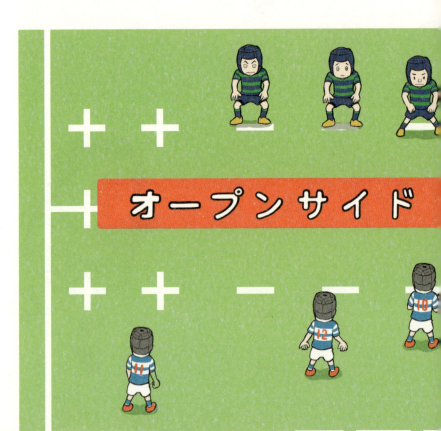

オーバーラップ
【おーばーらっぷ】戦
現代ラグビーではフェイズを重ね続けることで、アタック側の人数が相手のディフェンスの枚数よりも多くなったときが「オーバーラップ」した状態であり、アタック側の大きなチャンスになる。

大畑大介
【おおはただいすけ】人
1975年、大阪府生まれ。日本が誇る世界的な快足WTBで、テストマッチトライ記録69は2019年7月現在も世界記録だ。2016年に、日本人として2人目となるワールドラグビーの殿堂入りも果たした。小学校3年から競技を始め、東海大仰星高、京都産

業大を経て神戸製鋼へ。7人制はもちろん15人制ラグビーの日本代表として活躍。58キャップを誇り、1999年、2003年ワールドカップに出場。2011年の引退後はTVの解説者、コメンテーターとして活躍。現役中、TBSの「スポーツマンNo.1決定戦」で2度優勝し、その名を轟かせた。上原浩治投手、建山義紀投手は高校時代の同級生だ。

オープンサイド
【おーぷんさいど】戦
スクラムを組んだとき、またはモール、ラックといった接点ができたときに、それぞれのポイントを中心に広いサイドのことを「オープンサイド」と呼んでいる。7番はオープンサイドFLというが、スクラムを組んだときに広いサイド側のFLという意だ。「オープンサイドにアタックをした」「オープンサイドにハイパントキックを蹴った」などと使う。逆の狭いサイドは「ブラインドサイド」と呼ばれる。

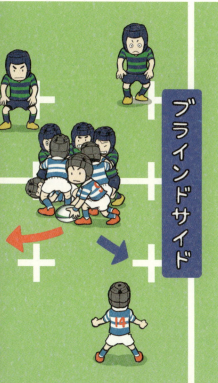

大八木淳史
【おおやぎあつし】人

1961年、京都府出身。身長190cm、体重は100kgを超える元日本代表LOで、代表キャップは30を誇る。伏見工業でラグビーを始め、同志社大では4度の日本一を経験。神戸製鋼ではV7の中心選手のひとりとなった。日本代表として1987年、1991年と2回のワールドカップにも出場した。1997年に現役を引退するとTVタレントで活躍しつつ、ラグビーの普及のため活動中。ドラマ「スクール☆ウォーズ」のモデルの一人。

オールアウト（漫画）
【おーるあうと】文

雨瀬シオリによる講談社の「月刊モーニングtwo」で2013年1月から連載中の人気ラグビー漫画。神奈川県の高校ラグビーが舞台。背が低いことがコンプレックスの主人公がチームメイトと奮闘する。2016年〜17年にはテレビ放送され、2017年には舞台化もされた。

オールアウト（本）
【おーるあうと】文

時見宗和によって1999年に発表された本。公式戦に一度も出場することなく主将となった中竹竜二と早稲田大学ラグビー蹴球部中竹組の一年を追った。2016年に増補改訂版と続編が出た。

オールブラックス
【おーるぶらっくす】チ

「オールブラックス」とは世界最強のラグビー王国であるニュージーランド代表の愛称。1905年の遠征時に「全員がBK」と報道されたという説もあったが証拠は見つからず、どうやら全身黒いユニフォーム、パンツ、ソックスを身につけていたために、この愛称がついたという説が有力視されている。世界ランキングでは2009年から1位を維持しており、テストマッチですべての対戦相手に勝ち越している唯一のチームだ。試合の前にニュージーランドの先住民マオリ族の踊り「ハカ」を踊ることでも知られる。1987年、2011年、2015年とワールドカップで優勝した。

オールブラックスのジャージーを着ている人がいると目がいってしまう
【おーるぶらっくすのじゃーじーをきているひとがいるとめがいってしまう】あ

「オールブラックス」ことニュージーランド代表のジャージーは日本でも街着として着ている人も。そんな人がいるとラグビー好きは見てしまいがちだ。本国以外でオールブラックスのジャージーが売れている国はフランスが1位、日本が2位だという。

奥田瑛二
【おくだえいじ】人

1950年生まれの俳優で、映画監督としても活躍している。愛知県・東邦高校時代にラグビー部に所属しスクラムハーフで、愛知県選抜にも選ばれたという。俳優の舘ひろし、関東学院大の元監督の春口廣氏とは同学年で、愛知県でラグビーをしていた。

小澤征爾
【おざわせいじ】 人

1935年、中国・奉天生まれ。世界的な指揮者としてウィーン国立歌劇場など名だたる交響楽団でタクトを振った。成城学園高校在学中はラグビー部に所属し、その時のケガでピアニストの道を諦め、指揮者へ転向したという逸話もあるほど。

おとり
【おとり】 戦

デコイ、ダミーランナー、ブロッカーとも呼ばれる。現代ラグビーでは、相手のドリフトディフェンスを止めるために、おとりとなる選手を置いてディフェンスを引きつけて展開するのは常套手段となっている。おとりとなっている選手も「自分がパスをもらうぞ！」という雰囲気が大事。

おとり

小野晃征
【おのこうせい】 人

1987年生まれ、愛知県出身。決して体は大きくないが、パス、ラン、キックといったスキルと判断力に長けたSO。父の仕事の関係で3歳からニュージーランドで育った逆輸入選手。19歳のとき、サニックスでプレーするために来日し、20歳で日本代表初キャップを獲得、2007年ワールドカップにも出場。2012年からはサントリーでプレーし、数々のタイトル獲得に貢献。2015年ワールドカップでは出場した3試合で日本代表に勝利をもたらした。愛称はコス。代表キャップは34。

小野澤宏時
【おのざわひろとき】 人

1978年、静岡県生まれ。「うなぎステップ」と呼ばれた、身のこなしとステップ、スピードでトライを量産してきたWTB。ワールドカップには2003年から3大会連続出場し、オールブラックスからもトライを挙げた。日本代表キャップは歴代2位の81キャップで、通算トライは55。静岡聖光学院、中央大を経てサントリー、キヤノンでも活躍。トップリーグのベスト15は8回、トライ王を2回受賞。現役をしながら指導者として様々なカテゴリーのコーチをしている。

オフサイド
【おふさいど】試

ラグビーはボールを持った選手が常に先頭が原則で、ボールを持った選手より前の位置にいる選手がプレーに関与した場合、オフサイドとなる。キックを蹴った時点でも、キッカーよりも前にいる選手がプレーに関与すれば、同様にオフサイドだ。またはラックやモールが形成されオフサイドラインができ、それより前にいた選手がプレーに関与したらオフサイドとなる。基本的にはプレーできないはずのエリアにいる人が、プレーに関与するとオフサイドとなる。反対の意味は「オンサイド」で、選手がプレーできる場所にいることを指す。

オブストラクション
【おぶすとらくしょん】試

ボールを持っていない選手がディフェンスの選手の動きを邪魔したり、妨害したりすると取られる反則だ。アタック側で、前に出てパスを受け取れない場所にいると取られやすい。またキック後にチェイスする選手を妨害したり、空中のボールをキャッチしようとしている選手を競らずに邪魔したりしても同様の反則に。

オフフィート
【おふふぃーと】試

ラグビーのプレーの原則のひとつは「オンフィート (on feet)」、両足が地面についたままでプレーすること。その逆が「オフフィート (off feet)」で、海外のスタジアムでよく見聞きする反則である。足がついていない（＝倒れたまま）状態で相手の球出しを妨害するノットロールアウェイや、倒れたままジャッカルを妨げるオーバーザトップのことを指す。

反則！

オフロードパス＝バックフリップパス
【おふろーどぱす＝ばっくふりっぷぱす】試

タックルを受けながらのパスのこと。相手がタックルに来て引きつけているため、パスが通るとチャンスになりやすい。片手でパスをする場合も多く、逆手で行うバックフリップパス、頭の上を越すオーバーヘッドパスなどのスキルも必要。

オリンピック
【おりんぴっく】他

15人制ラグビーは1900年、1908年、1920年、1924年と４度実施され、アメリカが２度金メダルに輝いた。1924年大会を最後に消えたが、2016年リオ大会より男女の７人制ラグビーの実施が決まり、男子はフィジー、女子はオーストラリアが初代王者に。2020年東京大会、2024年パリ大会でも行われる。

カーン・ヘスケス
【かーん・へすけす】人

1985年、ニュージーランド生まれのラグビー選手。2015年ワールドカップの南アフリカ代表戦で、ロスタイムに逆転勝利に結びつくトライを挙げて日本代表に勝利をもたらしたWTB。腰が強く突破力に長けている。2010年に来日し、それ以来、宗像サニックスでプレーを続けている。うどんなど日本食が大好き。

カウンターアタック
【かうんたーあたっく】戦

相手のキックをキャッチした後の反撃のことをカウンターアタックという。「逆襲」と呼ぶときも。自分のチームにスピードがありステップの上手いランナーがいれば大きなチャンスに。また相手ボールを奪い返した後の素早い攻撃もこう呼ぶときもある。

カウンターラック(タイガー)
【かうんたーらっく(たいがー)】戦

相手がラックを形成した後、自陣側の後ろからまっすぐラックに入って、相手のサポートプレイヤーを押し込んでボールを乗り越えてターンオーバーする(=ボールを奪い返す)ビックプレーだ。「オーバーラック」「タイガー」とも呼ばれる。ただラックに横から入ったり、パスしようとする相手をつかんで動きを妨害したりするとペナルティを取られてしまう。

鏡保幸

【かがみやすゆき】人

1950年生まれ、埼玉県出身の指導者。選手時代は大東文化一高、大東大、東京三洋電機（現パナソニック）でSOとしてプレー。1981年から大東文化大の監督に就任、トンガ人留学生を軸に関東大学リーグ戦の強豪へと押し上げて、3度の大学日本一に導いた。監督を退いたが、2013年から特別顧問となりグラウンドに復帰、ベンチ横で温かい目で選手たちを見守り続けている。

ガット（ガットパス）

【がっと（がっとぱす）】戦

ガット（gut）は直訳すると胃袋や腸という意で、ガットパスとは、ボールを投げるのではなく、近寄ってくる選手のお腹に入れるようにして手渡すこと。ボールを受け取る選手も腕を使ってもぎ取るようにキャッチする。一方、「リップ」とはキャリアーの胸にあるボールを、ボールと相手の体の間に自分の体を入れこんでボールを保持し前進するプレーだ。

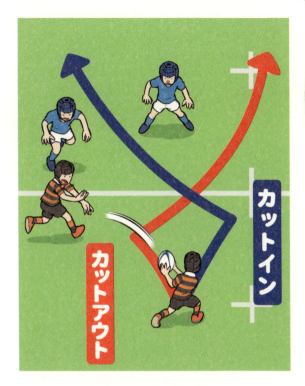

カットアウト＆カットイン

【かっとあうとあんどかっといん】試

カットアウトはボールキャリアーが外側のステップで相手を抜くこと。カットインは内側のステップで相手を抜くこと。カットアウトとインを合わせて使うことも多い。

カットパス＝飛ばしパス

【かっとぱす＝とばしぱす】試

パスをするとき、真横にいる選手ではなく、味方の選手を1人、2人、3人など飛ばして外にいる選手に渡すパス。「飛ばしパス」とも。何人か飛ばしてパスし、スペースにいる味方に早くボールを運ぶことが目的。ただ、あまりパスのスピードが遅かったり、山なりだったりするとだとボールが空中に浮いている間に、相手に追いつかれてしまう可能性も。パスする側は状況判断し、スキルを上手く使う必要がある。

カパ・オ・パンゴ
【かぱ・お・ぱんご】他
「オールブラックス」ことニュージーランド代表が試合の前に踊ることで有名なハカのひとつ。マオリ語で「カパ(kapa)」はチーム、「パンゴ(Pango)」は黒を意味し、「黒のチーム」という名の通り、2005年に「オールブラックス」のために作られたハカであり、現在ではビッグゲームの前に踊るハカとされている。

釜石鵜住居復興スタジアム
【かまいしうのすまいふっこうすたじあむ】場
12ある2019年ワールドカップの会場の中で、唯一、岩手県釜石市に新設された球技専用競技場だ。もとは小中学校があったが津波の被害を受けたことで、スポーツ公園が整備されてスタジアムも新設された。

カ・マテ
【か・まて】他
ニュージーランド代表が通常の試合前に踊るハカとして知られる。20世紀初頭のマオリのチームが初めて披露したされる。「Ka Mate」はマオリ語で「私は死ぬかもしれない」という意味で、元々は19世紀初めにあった部族の首長によって作られ、命が助かった喜びと感謝を表しているという。

香山蕃
【かやましげる】人
1894年－1996年。京都生まれ。昭和初期のラグビー指導者で、3代目のラグビー協会会長も務めた。京都一中(現・洛北高)にラグビー部を創設し、1921年に東大時代にもラグビー部を立ち上げた。イギリス留学後、京大のコーチとして全国優勝。1930年〜34年に初代の日本代表監督を務めた。東京ラグビー場(現・秩父宮ラグビー場)の創設も尽力した。

革のボールをつばで拭く
【かわのぼーるをつばでふく】あ
昔のボールは今のように合皮製ではなく革製だったため、ボールにつやを出すためにつばをつけて磨いていた(効果があったかは定かではない)。この作業は下級生の仕事だった。

早稲田
対抗戦、大学選手権ともに最多優勝!

慶應
創部100周年に対抗戦＆大学王者に!

明治
2018年度に22年ぶりに13度目の大学王者に!

カンタベリーの服を着ている人を見つけると喜んでしまう
【かんたべろりーのふくをきているひとをみつけるとよろこんでしまう】あ

ラグビーのイメージが強いブランド「カンタベリーオブニュージーランド」。街中でキーウィマークの「CCC」の服を着ている人を見かけると「ラグビー関係者かな？」と思ってしまう。またその人の体格を見てポジションも想像してしまいがち。

カンタベリー（オブ・ニュージーランド）
【かんたべりー（おぶ・にゅーじーらんど）】他

CCCに見える三羽のキーウィが横に並ぶロゴマークで知られ、ラグビーどころとしても世界的に有名なニュージーランドの南島の中心都市カンタベリーで発祥のラグビーブランドで、世界中のラグビーチームをサポートする。1997年から日本代表のサプライヤーとなり、ゴールドウインの子会社カンタベリーオブニュージーランドジャパンがレプリカジャージーなどを販売している。

関東大学ラグビー対抗戦
【かんとうだいがくらぐびーたいこうせん】他

「対抗戦」とも呼ばれる、関東大学ラグビーのリーグのひとつ。1928年から始まり、1997年からは現在のような8チームずつ1部、2部に分かれた。早稲田大、慶應義塾大、明治大といった強豪大学が所属し、かつては日体大、現在では帝京大、筑波大も強豪として知られる。毎年11月23日に行われている「早慶戦」、12月の第1日曜日に行われている「早明戦」の伝統の一戦は人気カードだ。関東大学リーグ戦と分かれてからの最多優勝回数は早稲田大の23回。

帝京
２００９年度から大学選手権V9達成！

筑波
国公立で唯一の大学選手権の決勝を経験！

人気・強豪チーム 関東ラグビー対抗戦

有力チーム 関東大学リーグ戦

東海
2007年以降リーグ戦8回優勝！

大東文化
トンガ旋風を武器にリーグ戦優勝8回

関東大学リーグ戦
【かんとうだいがくりーぐせん】⑩

1967年に総当たりを主張する日本大、中央大、法政大、専修大が中心となって創設された、もう一つの関東大学のリーグが、通常「リーグ戦」と呼ばれる関東大学リーグ戦だ。現在は、5部リーグまである。法政大が13回の最多優勝を誇るが、1980年代から大東文化大、1990年代から2000年の初期は関東学院大が一時代を築いた。2000年代後半からは東海大、流通経済大も台頭し、近年では大東文化大も含めた3校が勝利を争っている。

監督＝ヘッドコーチ
【かんとく＝へっどこーち】ポ

チームを指揮する、ラグビーをグラウンドで指導する責任者で、海外ではヘッドコーチとも呼ばれる。ただ日本では少々複雑で、監督とヘッドコーチと両方いるチームもあれば、監督を置かずゼネラルマネージャーとヘッドコーチの2人体制のチームもある。

キープ
【きーぷ】戦

ボールをキープし、ボールポゼッション（支配率）を高める戦略のこと。ずっとラックの状態を保つことはできないため（5秒で展開しないといけない）、パスとランを繰り返しつつ隙をうかがう。ただ自陣でずっとボールをキープしていてもミスをすると一転ピンチになるため、バランスが大事。

カンペイ
【かんぺい】戦

50年以上前に早稲田大ラグビー部の大西鐵之祐監督が菅平合宿で考案したサインプレーで、菅平にちなんで「カンペイ」と呼ばれる。当時は守備に専念していたFB（15番）を攻撃に参加させて世界を驚かせた。12番が13番にパスをせず、アタックラインに参加してきた15番にパスをする、いわゆる裏通しのプレーだ。

流通経済
2011年にリーグ戦初優勝！優勝3回

法政
リーグ戦最多優勝13回の強豪

中央
リーグ戦創設期からの中心チーム

菊谷崇
【きくたにたかし】㊗

1980年奈良県出身の元選手＆指導者。ボールキャリーに長けたNo.8として活躍しトライを量産。御所工業高（現・御所実業）を経て大阪体育大時代に7人制日本代表に選出。トヨタ自動車に入ると日本代表に選出、当時のジョン・カーワンHCにより主将に指名され、2011年ワールドカップに出場。その後は海外やキヤノンでもプレーし2018年に引退。現在では指導者、解説者として活動。代表キャップ68。

危険なプレー
【きけんなぷれー】㊗

首より上へのハイタックルや相手をつかまないで肩で当たるノーバインドタックル、相手を抱えて落とすようなスピアタックル、空中の相手にタックルするなどの総称。レフリーはダメージではなく現象で捉える。イエローカードが出される場合が多く、あまりにも危険な場合はレッドカードで一発退場の場合も。

北風
【きたかぜ】㊗

早稲田大ラグビー部の部歌。主将が最初の歌詞を歌った後、みんなで歌う。試合前にロッカーやグラウンドで歌われることも多く、テンポを早めて歌うことも。系列高校のラグビー部でも歌われている。

北島忠治
【きたじまちゅうじ】㊗

1901年－1996年、新潟県出身。明治大ラグビー部を1929年から91歳まで67年間の長きに渡り指揮し、代名詞である「前へ」という言葉をモットーに強豪に育て上げた。多くのタイトルを獲得するとともに、数々の日本代表選手を育てた名指導者。「忠さん」「北島先生」と呼ばれて親しまれた。もともと相撲部だったが、助っ人として参加しラグビーに転向。指導者としては「重戦車」と言われたFWを軸に攻めるラグビーを得意とした。自宅は練習場である八幡山グラウンドのすぐ近くで、人生を明治大ラグビー部に捧げた。毎年5月に、明治大ラグビー部では「北島祭」を行っている。

ラグビーのすごい記録、集めました！！

ラグビー界には、ドラマとともにさまざまな記録があります。これまでラグビー界をにぎわせた記録を紹介します。

18歳7ヶ月
日本代表の最年少出場
藤田慶和が2012年に行われたUAE戦で記録。

15回
全国高等学校ラグビーフットボール大会最多優勝回数
秋田工業高校が持つ記録。

31,332名
トップリーグ最多観客動員数
2018年9月1日のトヨタVSサントリー戦

10回
日本選手権優勝数
神戸製鋼が持つ記録。

15回
大学選手権優勝数
早稲田大学が持つ記録。

52回
大学選手権出場回数
早稲田大学が持つ記録。

※2019年5月現在の記録

5連覇
全国高等学校ラグビーフットボール大会最多連覇数
同志社中が持つ記録。

16ゴール
テストマッチ1試合のコンバージョン記録
五郎丸歩による。

69トライ
テストマッチ最多トライ数
大畑大介の持つ記録で、世界記録。

2,586人
ギネスに認定されたスクラム参加人数
2018年9月23日に愛知県豊田市で生まれた記録。

1195点
トップリーグ通算得点
五郎丸歩が2018年9月1日に塗りかえた。

711点
日本代表、テストマッチ最多得点記録
五郎丸歩がテストマッチ57試合で達成。

キッカー
【きっかー】試

一般的にキッカーと言えば（コンバージョン）ゴール、PGといったプレースキックを担当する選手を指す。もちろん、プレー中にキックを蹴る選手もキッカーという。

キック
【きっく】試

ランやパスなどと並び、アタックの基本プレーのひとつ。パスは後ろだけだが、ラグビーでは前方へのキックはOKだ。エリアを取るために長く蹴ったり、スペースに蹴ったり、高く蹴ったり、パスのようにノーバウンドでライナーを蹴ったり、ゴロで蹴ったりなど多種多用。いずれにせよ、キックを蹴る選手と味方との連携が欠かせない。

キックオフ
【きっくおふ】試

キックオフとは、試合の前後半の最初、ハーフウェイラインの中央からドロップキックで試合を始めることだ。またどちらかのチームが得点を取った場合は、取られた側のキックオフでゲームを再開（セブンズの場合はトライを取った側のチームが蹴る）。敵陣の10mラインを越えないといけない。キックオフのボールを直接取りにいくか、奥に蹴るのかなど戦略性も求められる。

キックパス
【きっくぱす】試

まるでパスのように、大外にいる選手へキックでボールを通すプレーのことだ。連続攻撃で相手のディフェンスを左サイドに集めて、右サイドの一番端にいるWTBやFB、時にはLOなどの長身選手にキックでボールを運ぶ。SOなどのキックを蹴る選手のコントロール、さらにキャッチする側の選手との連携が大事だ。いずれにせよビッグプレーのひとつで、ノーバウンドだったり、ワンバウンドだったり、転がしたりとキックの種類はさまざまである。

木村季由
【きむらひでゆき】人

1966年生まれ、東海大ラグビー部の監督を長きにわたり務めている指導者。選手としては東京・本郷高でラグビーを始め、日体大で活躍したWTBだった。サンリオで働いた後、日体大の大学院で学び、1998年より、東海大ラグビー部の監督となり、強豪チームへと押し上げた。また日本代表FLリーチ　マイケル、PR三上正貴など数多くの日本代表選手も輩出。日本代表のフィットネスコーチを務めた経験もあり、オーストラリアのコーチング資格も所持する。

キャッチ
【きゃっち】試

キャッチとは味方のパスや、味方や相手のキックしたボールを保持することだ。前に落としてしまうと、相手に大きなチャンスを与えてしまう。相手の蹴ったボールを空中でキャッチするスキルはWTB、FBには欠かせないプレーのひとつとなっている。

キャップ（＝代表キャップ）
【きゃっぷ（＝だいひょうきゃっぷ）】他

国や地域の代表として、テストマッチに出場した試合出場数のことを「キャップ」と呼んでいる。5試合出場すれば5キャップとなる。かつて、試合時にチームの区別のために帽子（キャップ）を被っており、その帽子が由来となった。そのため、今でも最初のテストマッチに出場すると日本代表もキャップをもらうことができ、その後は5試合ずつ、星が配られ、それをつけていく。トップリーグやスーパーラグビーでも自チームで出場した試合数をキャップとして数える。セブンズの場合は出場大会数で数える。

ギャップ
【ぎゃっぷ】戦

ディフェンスラインの間の隙間のこと。ディフェンスでは選手たちが組織的に立たないといけないが、相手の連続攻撃だったり、自分たちのコミュニケーションミスなどだったりと規律を守れず1人が勝手に飛び出したり、やや遅く出てしまったりして隙間が空いている状態のこと。しっかり連携が取れていればギャップはできない。アタック側はその隙を狙ってくる。

キャプテン=スキッパー
【きゃぷてん=すきっぱー】ポ

キャプテン（主将）とはプレーや声、姿勢でチームを引っ張る選手のこと。船舶のキャプテンのことをスキッパー（skipper）というため、そう呼ぶ場合も。レフリーとコミュニケーションをとっていいのはキャプテンだけのため、接点でのプレーが多いバックローやハーフ団が務めることが多い。副キャプテンはバイスキャプテンとも。

キャリアー
【きゃりあー】戦

キャリアー（Carrier）とはボールを持ってランする選手のこと。ボールキャリーする回数が多ければ、それだけパスとランで攻めていることになる。2018年のスーパーラグビー全体で、一番ボールを持って走った回数が多かったのはレベルズ（当時）の日本代表No.8アマナキ・レレィ・マフィ。253回で圧倒的1位だった。

キャリーバック
【きゃりーばっく】試

自らで自陣インゴール内にボールを持ち込みグラウンディングすること。インゴールでタックルを受けてしまったときや、相手のキックをインゴールに入る前にキャッチし相手のプレッシャーの前にグラウンディングしてしまうとそうなる。相手ボールの5mスクラムで再開。ピンチは続くが一度、ディフェンスを整えることができる利点も。

京都工学院=伏見工業
【きょうとこうがくいん=ふしみこうぎょう】学

ドラマや映画の「スクール☆ウォーズ」のモデルとなった京都の強豪校で、2016年に洛陽工業と統合され京都工学院となった。ただ真紅のジャージーと「信は力なり」というスローガンは変わらない。1959年に創部、1975年に山口良治氏が監督となり1980年初優勝を成し遂げるなど花園優勝4回、選抜大会優勝1回を誇る名門だ。

京都産業大
【きょうとさんぎょうだい】学

関西大学Aリーグの強豪のひとつでジャージーは赤と紺の段柄だ。1973年から2019年度で引退を表明した大西健氏が監督に就任し強化を進め、1975年にAリーグに昇格、1990年に初優勝し、その後4度の優勝を誇る。伝統的にスクラムが強い。

餃子耳（カリフラワーイヤー）
【ぎょうざみみ（かりふらわーいやー）】あ

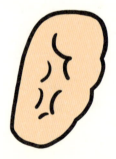

FWの選手に多い症状で、耳がタックルやスクラムを繰り返して擦ってしまい内出血し固まった状態のことで、「餃子耳」や「カリフラワーイヤー」と呼ばれる。ラグビーだけでなく、柔道やレスリングといった格闘技の選手に見られる。FWの選手は、同じく餃子耳の選手を見ると、どこかシンパシーを感じてしまうのは世界共通のようだ。

清宮克幸
【きよみやかつゆき】

1967年生まれ、大阪府出身のラグビー指導者。2019年6月末より日本ラグビー協会の副会長に就任。茨田高から競技を始め、FLやNo.8として活躍し花園に出場し、高校日本代表にも選出。早稲田大に進学し、2年時は日本選手権優勝、4年時は主将として大学選手権に優勝。サントリー時代も全国社会人大会、日本選手権優勝を経験したが日本代表キャップは得られなかった。選手引退後の2001年から早稲田大の監督に就任し、3度の優勝に導くなど早稲田大を復活させた。2006年にはサントリーの監督に就任、2年目にはトップリーグ制覇を達成。2011年からヤマハ発動機の監督となり、トップリーグベスト4の常連に押し上げ、2014年度の日本選手権の優勝に導く。2019年1月、監督業を引退。総合スポーツクラブのアザレアスポーツクラブの代表理事に就任した。

コマツ（ランバック）とYASUDAの復活ストーリー

KOMATSU OSAKA -Since 1946-

1932年、日本で最初に創設されたフットボールのスパイクメーカー「YASUDA」。サッカーだけでなく、カンガルー革のラグビーシューズも製造し、実際に履いたこともある方も多いはずだ。

しかし、2002年に倒産してしまった……。それでも2018年にクラウドファンディングにより復活し300人以上にサッカーのスパイクを届けた。そして株式会社YASUDAが再建され、2019年、新たにサッカーやラグビーのスパイクの製造を開始し、一部を除いて製造は「ハンドメイド」「made in Japan」にこだわっているという。

またスパイクだけでなく、YASUDAと同じように一度表舞台から消えた「Runbuck by KOMATSU」とのダブルネームにより、ラグビージャージー製造も開始した。いずれにせよYASUDAとコマツの復活は往年のラガーには嬉しい限り。再び、両ブランドが若きラグビー選手たちをサポートしていってくれるだろう。

清宮ワセダがトヨタに勝利
【きよみやわせだがとよたにしょうり】㊙

かつては大学王者と社会人王者が対戦していた日本選手権だが、1990年代に入ると得点差が開いたことで、1996年度からトーナメント制に移行した。そんな中2006年2月、大学王者に輝いた早稲田大が、トップリーグ4位で元オールブラックスが2人もいたトヨタ自動車に28-24で勝利した。清宮ワセダの真骨頂となった試合であり、大学勢が社会人トップ4のチームに勝った最後の試合となった。早稲田大側はキャプテンのFL佐々木隆道を筆頭にPR畠山健介、HO青木佑輔、No.8豊田将万、SH矢富勇毅、CTB今村雄太、すでにキャップホルダーだったFB五郎丸歩など後に日本代表で活躍する選手の多くが出場していた。

規律＝ディシプリン
【きりつ＝でぃしぷりん】㊦

規律（ディシプリン）は「規律を守る」という意で使われ「ルールを遵守し、ペナルティをしないこと」を指すことばだ。ペナルティが増えるとエリアを取られてピンチになったり、PGを狙われたりしてしまう。反則が多いとやはり、自分たちのチームの攻撃のリズムも出ない。試合中、選手間では「ディシプリン！ディシプリン！」と声を掛け合っている姿をよくみかける。

ギルバート
【ぎるばーと】㊩

ラグビー専門のイギリスのメーカーで、ボール、ジャージー、コンタクトスーツなどラグビー関連のものを製作していることで知られる。日本ではスズキスポーツが輸入代理店だ。1995年からワールドカップの公式球を提供していることで有名。1823年、エリスがボールを持って走った時に既にギルバート社はラグビー校にボールを納めていたのだという。

クイックスローイング
【くいっくすろーいんぐ】㊟

相手のキックがタッチを切ったとき、タッチを切った場所から後方であれば、ラインアウトの成立を待たずに投げてもいい。相手を待たず素早くゲームを再開できる。まっすぐだけでなく後方であればボールを投げてよく、自分で投げて自分でとってもOK（ただし5m以上投げないといけない）。ただしクイックスローイングができるのは、蹴られたボールがスタンドなどの障害物に当たっていないときのみ。

グースステップ
【ぐーすすてっぷ】戦

goose step（グースステップ）を直訳すれば「ガチョウのステップという意味になるが、オーストラリア代表の名WTBのデービット・キャンピージが得意としたステップとして世界的に有名である。チェンジオブペースのひとつで、進行方向に少し飛び上がって着地と同時に加速して相手を抜くランとステップのこと。相手との距離感も大事だ。

クイックタップ
【くいっくたっぷ】戦

ペナルティ後やフリーキック時、スピードのあるSHや突破力のあるFWの選手が、足でボールを浮かせるように蹴ってから素早く攻撃に転じるプレー。相手のディフェンスが下がっていないとき（相手が10m下がらないでプレーに関与するとノット10メートルバックの反則に）や、ゴール前で相手に隙があるときにクイックタップで攻める。

くじらいいく子
【くじらいいくこ】人

漫画家。東京都出身。中学生の時から作品を書き始め、美術短大を卒業後、一旦はOLとして働いていたが2年で退職、プロの漫画家として活動を始める。現在まで30本以上の作品を発表。ラグビー漫画で有名な「マドンナ」を執筆するなどラグビー好きとしても知られ、雑誌ラグビーマガジンの連載のイラストなども担当している。

クイックハンズ
【くいっくはんず】戦

手で素早くつなぐパスのことで、単に「ハンズ」とも。相手ディフェンスが整わないうちに素早く外のスペースに展開したいときに使うスキル。ボールをキャッチした後、手首のスナップを使ってそのまま、ほぼ横に投げる。距離は出ないが素早くつなぐことができる。

熊谷ラグビー場
【くまがやらぐびーじょう】場

もとはさいたま博覧会会場だった埼玉県熊谷市の熊谷スポーツ文化公園内にあるラグビー専用場で、東の聖地のひとつ。毎春、全国高校選抜大会が行われる。2019年ワールドカップの会場となり124億円かけて改修。大型ビジョンなどが設置され、座席数も15000人から24000人に増加。大会後はパナソニックの本拠地となる予定だ。

グラハム・ヘンリー
【ぐらはむ・へんりー】 人

1946年生まれ、ニュージーランド出身の世界的名指導者のひとりだ。指導者としての貢献が評価され、2011年にナイトの勲章が与えられて「サー・グラハム・ヘンリー」となった。高校教師から1996年にプロの指導者となり1996年、1997年とブルーズを率いて優勝。1998年からはウェールズ代表の指揮官となったが、2003年に母国に戻りオールブラックスのヘッドコーチに就任。2011年ワールドカップでは地元開催のプレッシャーの中、見事にオールブラックスを2度目の優勝に導いた。早稲田大も2度、スポットコーチとして指導したことでも知られる。

グラウンディング
【ぐらうんでぃんぐ】 試

グラウンディングとは、グラウンドの両端にあるインゴールにボールを置くことで、もちろん敵陣のインゴールに押さえればトライ（5点）となる。上半身や腕、手などでボールを置くとトライと認められる。なおライン上もインゴールの一部だ。

グラバーキック＝ゴロパン
【ぐらばーきっく＝ごろぱん】 試

グラバーキックとはボールを高く蹴るのではなく、転がるように低く蹴ってバウンドさせるキックだ。SOやCTBがディフェンスラインの隙間に蹴って、外にいる選手にキャッチさせて突破やトライを狙う。WTBやFBなどが自ら蹴ってキャッチしてチャンスを作ったり、トライを挙げたりするときにも使う。「ゴロパン」ともいう。

クラブラグビー
【くらぶらぐびー】 他

クラブラグビーとは、中学、高校、大学といった部活やトップリーグなどではなく、ラグビー愛好家が集まりクラブ単位で活動しているクラブのこと。日本のラグビーの「グラスルーツ（草の根）」を支えている。その全国一を決める大会が全国クラブラグビー大会で1993年から行われている。近年は北海道バーバリアンズ、神奈川タマリバ、六甲ファイティングブルなどが強豪だ。

グランドスラム
【ぐらんどすらむ】 他

欧州伝統のシックス・ネーションズ（6カ国対抗戦）で全勝（＝5戦全勝）優勝すること。2017年から勝ち点制になり、全勝すると勝ち点3が与えられるようになった。つまりボーナスポイントに関係なく、グランドスラムを達成すればその年の王者となる。

くりぃむしちゅー
【くりぃむしちゅー】⊛
1970年生まれの上田晋也と1971年生まれの有田哲平の2人からなるお笑いコンビ。熊本県出身で済々黌高時代に知り合い、ともにラグビー部に所属。上京し「海砂利水魚」を結成してブレイクし、2001年に「くりぃむしちゅー」に改名。上田は2019年ワールドカップ日本大会の民放番組のスペシャルMCを務める。

栗原徹
【くりはらとおる】⊛
1978年生まれ、茨城県出身。清真学園中から競技を始め、慶應義塾大は大学選手権で優勝。決定力に長けたWTB、FBでプレースキックも正確だった。サントリーなどでプレーし代表としても活躍。2003年のワールドカップにも出場した。日本代表の1試合最多得点(60点)記録保持者。27キャップを誇る。引退後の2014年からはトップリーグチームなどでコーチをしていたが、2019年度から母校の慶應義塾大で指揮官を務めている。

クルセイダーズ
【くるせいだーず】⊛
5つあるニュージーランドのスーパーラグビーチームのひとつで、クライストチャーチを本拠地にする世界的強豪クラブだ。1996年の初年度からスーパーラグビーに参戦し、2018年までスーパーラグビー優勝9回を誇る。オールブラックスの主将だったFLリッチー・マコウや世界的SOダン・カーターも活躍した。

クレルモン
【くれるもん】⊛
フランスの強豪クラブのひとつで、正式名称はASMクレルモン・オーヴェルニュ。クレルモン＝フェランを本拠地とし、青と黄色がクラブカラー。WTB大畑大介が挑戦したクラブとしても有名。1911年にタイヤメーカーのミシュランのクラブとして誕生。トップ14では2010年、2014年に優勝し、欧州のクラブ王者決定戦では3度決勝に進出したがいずれも敗れた。

薫田真広
【くんだまさひろ】⊛
1966年生まれ、岐阜県出身。元日本代表の名HOで、指導者としても活躍し、2016年から2019年まで日本代表強化委員長も務めた。岐阜工からラグビーを始め、筑波大を経て東芝府中(現・東芝)に入団。東芝府中では日本選手権3連覇に貢献。日本代表では1980年に代表初キャップを獲得、ワールドカップには1991年から3大会連続で出場。代表キャップは44。2000年に引退後、東芝の監督となり、5年で8つのタイトル獲得に導いた。その後はユースの代表や日本代表Aも指導。親に見せられないハードな練習をしていたことで知られ、日本代表LO大野均選手を見いだしたことでも知られる。

慶應
【けいおう】 学

1899年に創設された日本ラグビーのルーツ校で、ラグビーのことは蹴球と呼んでいたため、今でも慶應義塾體育會蹴球部が正式名称である（なおサッカー部はソッカー部という）。日吉のグラウンドには「日本ラグビー蹴球発祥記念碑」が飾られている。慶應義塾の教員であったイギリス人のエドワード・B・クラーク教授とイギリス留学から戻ってきた田中銀之助がともに学生にラグビー指導したことから始まった。黒と黄色の段柄がファーストジャージーだ。関東大学対抗戦に属し、現在の対抗戦の形となってから優勝は4回（それ以前に5回優勝）、大学選手権は優勝3回、日本選手権優勝1回を誇る。ライバル早稲田大との「早慶戦（慶早戦）」は毎年11月23日に行われている。

慶應創部100周年の優勝
【けいおうそうぶひゃくしゅうねんのゆうしょう】 事

創部100周年を迎えた慶應義塾大は1999年度、大学選手権優勝は至上命題だった。上田昭夫監督がトップに立ち、フルタイムコーチで林雅人氏を招聘、現在はプロ野球の楽天イーグルスとJリーグのヴィッセル神戸社長を務める立花陽三氏がBKコーチを務めるなど万全の体制を敷いた。また選手は上田監督がAO入試でリクルートしたこともあり、キャプテンのLO高田晋作を筆頭に、LO阿久根潤、FL野澤武史、FB栗原徹（現ヘッドコーチ）など選手も揃っていたと言えよう。前年度はベスト4に進出していたチームは対抗戦で優勝し、大学選手権に入っても勢いは止まらず、準決勝で同志社、決勝で関東学院大に勝利し見事頂点に立ち、100周年に錦を飾った。

啓光の花園4連覇
【けいこうのはなぞのよんれんぱ】 事

2005年1月7日、「花園」こと全国高校ラグビーの決勝が行われ、「ロイヤルブルー」のジャージーで知られる啓光学園（現・常翔啓光学園）が天理（奈良）を31－14で下して4連続6度目の優勝を飾った。花園4連覇は、1920～24年（3回～7回大会）で5連覇した同志社中（現・同志社高）以来の快挙で、戦後で4連覇は初だった。3連覇を達成した記虎敏和監督が龍谷大の監督に就任し、教え子である杉本誠二郎監督が後を継いだシーズンだった。優勝は難しいという下馬評の中でも、しっかりと堅守とハイパントを組み合わせた啓光ラグビーで優勝を飾った。翌年度、準々決勝で大工大高（現・

常翔学園）に敗れて、残念ながら5連覇はならなかった。

ケイブマン
【けいぶまん】 (人)
1977年生まれのフランスの元ラグビー選手。本名はセバスチャン・シャバル。長い髪と顎髭の風貌から「ケイブマン」という愛称を持つ。本格的に競技を始めたのが16歳と遅かったが、恵まれた体格を生かしてバックローとしてすぐに頭角を現した。フランス代表として活躍し、2003年、2007年と2度ワールドカップに出場した。現役引退後は2023年ワールドカップのフランス招致アンバサダーを務めるなど、メディアの露出も多い。フランス代表62キャップ。

ゲイン (漫画)
【げいん】 (文)
「わたるがぴゅん！」「うっちゃれ五所瓦」などスポーツ漫画を多く手がけるなかいま強作のラグビー漫画。1997〜98年まで週刊少年サンデーで連載され、全7巻刊行。埼玉の高校を舞台で、主人公がラグビー部に入部し全国大会を目指す青春ストーリーだ。

ゲインライン=ゲイン
【げいんらいん=げいん】 (試)
ゲインは単純に前に進む（＝ゴールラインに近づく）ことを指すが、「ゲインライン」とは選手や解説者もよく使う、目に見えない線のひとつ。セットプレーやモール、ラックといった起点（ポイント）から攻撃するが、その起点を軸に一連の攻撃によって、そのポイント上の目に見えないライン（＝ゴールラインに平行に引かれた想像上のライン）よりもボールが前に進んだとき「ゲインラインを突破した、超えた」と表現する。一連の攻撃でゲインラインを超えたかどうかが、良い攻撃をしているかどうかのひとつの目安となる。

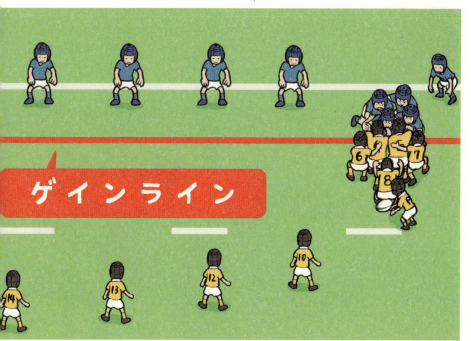

ゲート（オフサイド）
【げーと（おふさいど）】試

ゲート（gate）とは門という意。タックルやラックが成立した後は、仮想の四角形が発生する。ジャッカル（ボールを奪うプレー）したり、ラックのボールをキープするためフォローしたりする選手は、後ろからまっすぐ（ゴールラインに平行の辺のゲートから）プレーに関与しないといけない。横や斜めからプレーに関与するとペナルティとなる。タックル後に横からプレーに参加した場合を「オフザゲート」といい、ラック時のオフサイドを「ゲートオフサイド」と呼ぶときもある。

ケンドーコバヤシ
【けんどーこばやし】人

1972年生まれ、大阪府出身のお笑い芸人で「ラグビー芸人」のひとりだ。初芝富田林高校でラグビー部に所属し、主将も務めていた。ポジションはPRで、とある関西の強豪大学からはラグビー推薦も来たという実力者だったという。大阪NSCを卒業後、2000年にピン芸人へ転身すると、大阪を中心に知名度を上げ、全国区の人気者となった。現在では芸人以外にも俳優でも活躍している。

高校日本代表（高ジャパ）
【こうこうにほんだいひょう（こうじゃぱ）】他

「高ジャパ」とも言われる高校日本代表は、いわばU19日本代表である。1971年、カナダ遠征が最初だった。現在はU17日本代表も編成されているが、以前は最初に桜のジャージーを着る機会で、高校生ラガーマンの憧れの的である。夏に南半球などに遠征していた時期もあったが、近年は3月に欧州遠征が定番に。高校2年生で高校日本代表に選ばれた選手はかなりの逸材だ。

高校1年の部活勧誘。タッチフットをして、トライ
【こうこういちねんのぶかつかんゆう。たっちふっとをして、とらい】あ

高校や大学でラグビー部に部員を勧誘するときの常套手段のひとつ。体験会でタッチフットをやり、ラグビー経験のない1年生にボールを持たせてトライをさせて「ナイス、ラン！」「ナイス、トライ！」と大げさに褒める！トライの快感を忘れられず、思わずラグビー部に入部してしまったという選手も多いはず。

交替
【こうたい】［試］

ラグビーの先発は15人だが、控えは8人（高校生は10人。3人はフロントロー）で、控え選手と替わることを交替（戦術的な場合は入替）という。長らくケガ人が出ても交替は認められておらず、もしケガ人が出たら14人でプレーしないといけなかった。1968年から負傷者に限り交替が可能となり、1996年から戦術的入替が認められるようになった。

神戸製鋼
【こうべせいこう】［チ］

1928年に創部した関西社会人ラグビー部の雄だ。1980年代になると全国社会人大会に出場するなど躍進。特に1988年度から1994年度まで関西社会人リーグ、全国社会人大会、日本選手権のすべてに7年連続優勝した。2003年からトップリーグが始まると、神戸製鋼コベルコスティーラーズという名となり初年度に優勝。その後タイトルから遠ざかったが2018年に2度目の優勝を果たした。日本選手権優勝10回は最多。ジャージーは赤で、マスコットはコーロクン。

神戸製鋼の7連覇
【こうべせいこうのななれんぱ】［事］

新日鐵釜石と並んでラグビー史に輝く金字塔だ。神戸製鋼は1988年度から1994年度まで勝ち続けた。1985年度に新日鐵釜石の8連覇を阻止し1988年度は、平尾誠二が林敏之から主将を受け継ぎ、全国社会人大会、日本選手権を制した。その後は、大八木淳史、元木由記雄、堀越正巳、大西一平、イアン・ウィリアムズら実力者が揃っていたこともありV7を達成。だが1996年の社会人大会1回戦でサントリーに同点だがトライ数で上回られて8連覇を阻止された。

ゴール＝コンバージョン
【ごーる＝こんばーじょん】試
ゴール＝コンバージョンとはトライの後に行うキック（2点）のこと（ペナルティトライを除く）。19世紀後半、トライに得点はなく、ゴールの権利だけで、ゴールは1点だったという。第2次世界大戦後トライは3点、4点、5点と増えていったがゴール（コンバージョン）はずっと2点のままだ。今後、ゴールの得点が変わる日も来る？

ゴールキック
【ごーるきっく】試
ゴールやコンバージョンを狙うキックのことだ。トライをした地点の延長上からキックをしなければならない。そのため、左端や右端になればなるほど難しい。成功率80％を超えてくると、世界的に名キッカーや「ゴールデンブーツ」と呼ばれる。

ゴールライン
【ごーるらいん】試
インゴールの一番、手前にあるラインで、このラインより内側にボールを置くとトライと認められる。ゴールライン自体もインゴールの一部なので、ボールがゴールラインに少しでも触れればトライとなる。またゴールポストもゴールラインの一部なので、ボールが地面とゴールポストに触れればトライとなる。つまりFWで近場、ポール下にボールを置いてもトライとなる！

御所実業
【ごせじつぎょう】学
奈良の強豪高校のひとつ。竹田寛行監督が1989年に赴任し、部員2人から現在の強豪校へと押し上げた。もともと御所工業だったが2007年に御所東と合併し、御所実業となる。1995年にライバルの天理を下し花園出場後、一気に強豪校への仲間入りを果たした。これまで花園準優勝3回、選抜準優勝

1回、そして2018年の国体に単独校として出場し、初の全国制覇を達成した。日本代表の菊谷崇も輩出したことで知られている。悲願の花園初制覇を虎視眈々と狙っている。天理高とはライバル関係にあり、24年連続、花園予選奈良県決勝で対戦している。

黒黄
【こっこう】他

1899年、日本で最初にできたラグビークラブである慶應義塾のファーストジャージーの色で、当然ながら、系列校も同じ色のジャージーを着ている。どうやら、クラブができたときからこの色だったという。部歌にも出てくる言葉であり、黒黄の色にちなみ、ファーストジャージーを「タイガージャージー」と呼んだり、慶應義塾の選手たちのことを「黒黄軍団」「タイガー軍団」と呼んだりもする。

骨折しても試合に出場
【こっせつしてもしあいにしゅつじょう】あ

ラグビーではケガしても交替できなかった名残もあり、かつては、特にFWはケガをしていても強引に試合に出る選手も多かったという。プロ化した現在でも、本当はいいことではないが、試合中にケガや骨折したとしても（アドレナリンが出ているせいもあるかもしれないが）、そのまま試合に出て活躍してしまうような選手もいる。なぜか、試合が終わると痛くなる経験をした選手も多いはずだ。

ゴッドセイブザクイーン
【ごっどせいぶざくいーん】他

「神よ女王を守り給え(God save the Queen)」。英連邦王国およびイギリス海外領土で国歌的なものとしているが、法律で定められてはいない。ラグビーではイングランド代表が試合前に歌うアンセムだ。通常は第1節のみ歌われる。歌詞の内容もあり女王陛下は臨席した時でも本人は歌わない。16世紀頃から存在していたといい、王が在位している時はQueenがKingとなる。

小松節夫
【こまつせつお】 人

1963年、奈良県生まれ。天理大を強豪大に押し上げた指導者だ。天理高時代はSOやCTBでプレー。卒業後、フランスへ留学しラシンで2年間プレーした後、同志社大、日新製鋼でプレーした。1993年、関西Cリーグに転落した天理大のコーチに就任、1995年度から監督に。フラットパスを武器に攻撃的なラグビーを標榜し、関西Aリーグに復帰させるだけでなく、2010年は35年ぶりに関西王者に導き、2011年度は大学選手権準優勝。2018年度は帝京大のV10を止めたが、決勝で明治大に敗れた。

コラプシング
【こらぷしんぐ】 試

ラックやモール、スクラムを故意に崩してしまう反則。スクラムでは相手のパワーに押されてPRの1番や3番が手や肘、膝をつくなどして崩してしまった時、モールでも押されて相手の腰より下や足を持って崩してしまった場合などに取られる。モールではペナルティの後もアドバンテージが出て攻める場合も。強力FWのチームは、スクラムとモールでコラプシングを誘い、有利に試合を進めていく。

合計体重が1000kgに達するチームもあるスクラム

スクラムはノックオン、スローフォワードといった軽い反則の後などにFWが一致団結して8対8で組み合い、ゲームを再開する方法の一つだ。スクラムはラグビーを象徴する言葉の一つにもなっている。

スクラム8人の合計体重は1000kgに達するチームもあり、組んだ時の衝撃は1t近くにもなるという。1試合でのスクラム回数は平均15回程度(反則の回数にもよるが、マイボールスクラムはその半分くらい)となる。

マイボールスクラムからしっかりボールを出すことができれば、用意していたサインプレーを使って思いっきりアタックをすることが可能だ。また、ここぞというところで、相手の反則を誘えば大きなチャンスとなる。逆に押されてしまうと思い通りのアタックができず、崩したりしてペナルティをしてしまうと逆に相手にチャンスを与える。

スクラムで優勢となれば、BKもスクラム後に、ラインを前に出して攻撃することができ、ノックオンを恐れずにアタックすることもできる。いずれにせよ、スクラムの優勢は接戦になればなるほど試合の流れを決める大きな要素の一つとなるのだ。

五郎丸の忍者ポーズをしてから蹴ったことがある
【ごろうまるのにんじゃぽーずをしてからけったことがある】あ

2015年ワールドカップで大ブームになった日本代表FB五郎丸歩選手の「忍者ポーズ」。多くの人が真似ていた。ラグビー部員なら、そのポーズを真似てからプレースキックを蹴ったことだろう。また学生時代ラグビー部だったという人は、周りの人に「真似してみて！」と言われた人も多いはずだ。

紺グレ
【こんぐれ】他

1911年創部と同志社大ラグビー部は慶應義塾、京都大に次ぐ歴史を持ち、大学選手権優勝4回を誇る「関西の雄」だ。同志社大のファーストジャージーは紺とグレーの段柄で、それを省略して「紺グレ」と呼ばれている。紺グレと言えば同志社大ラグビー部を指し、紺グレ軍団、紺グレ魂という使い方もされている。

「こんな結末、私には書けない」
【こんなけつまつ、わたしにはかけない】名

2015年ワールドカップで日本代表が南アフリカ代表を34−32で下した後、Twitterで、ハリーポッターシリーズの原作者として有名な、イギリス人作家のJ・K・ローリングが「You couldn't write this...（こんな結末、（書こうと思っても）書けない）」とつぶやき、その驚きを表現した。日本代表は世界的な作家も驚かせていたというわけだ。

コンテストキック
【こんてすときっく】試

SH（9番）、SO（10番）からのハイパントキックやグラバーキックなどで、キック後に相手とボールを捕るために競り合うキックの総称。キックされたボールを味方がそのまま捕ることができれば大きなチャンスに。もし相手にボールをキャッチされてもすぐに何人かプレッシャーをかけてボールを取り返すことを狙う。キックの精度、キッカーと味方とのコミュニケーションが大事だ。

コンバート
【こんばーと】他

監督やコーチといった指導者からの提案や自分の意志でポジションを転向することをコンバートという。右PRから左PRなどは一般的だ。他にもCTBからFLへ、No.8からHOにコンバートする選手は多いが、たまにFLからSHに転向する選手もいる。

コンバート
【こんばーと】他

もともとはゴールキックが入ることを「コンバート（CONVERT）」と言い、それに、ちなんで大阪京橋のラグビー用具の専門に製作していた「ウシトラ」が「コンバート」をブランド名とし、その後、社名もコンバートとなった。残念ながら会社は2010年に倒産してしまった。ラグビー経験者にはかつてコンバートにお世話になった人も多いはずだ。

高校ラグビー強豪校紹介！

高校ラグビーの強豪校、30校をピックアップ。
みなさんはいくつ、知っていますか??

京都

京都成章高等学校 ⑪
京都工学院高等学校 ⑳

京都は伏見工（現・京都工学院）のイメージが強いが、現在は花園に京都成章が5年連続出場中だ。

島根

石見智翠館高等学校 ㉘

28年連続28回出場の中国地方の強豪。砂浜の練習が名物だ。

大阪

大阪桐蔭高等学校 ⑬
東海大学付属大阪仰星高等学校 ⑱
常翔学園高等学校 ㊲
大阪朝鮮高級学校 ⑩

大阪工大高（現・常翔学園）などが昔から強豪。近年は東海大仰星が台頭、昨年度は大阪桐蔭が初優勝。競争が激しいラグビーどころ。

石川

日本航空高等学校石川 ⑭

花園に14年連続出場中の北陸の雄。トンガ人のパワーが武器。

広島

尾道高等学校 ⑬

18年度まで梅本勝監督が強化。19年度から田中春助監督が就任。

福岡

東福岡高等学校 ㉙

優勝6回の全国区の強豪。パスラグビーが持ち味の「フェニックス」。

佐賀

佐賀工業高等学校 ㊼

県内随一の強豪。2007年の予選準決勝では300－0を記録した。

長崎

長崎北陽台高等学校 ⑰

長崎南山、長崎北と切磋琢磨している文武両道の強豪だ。

大分

大分舞鶴高等学校 (57)

花園に57回出場して、優勝経験もある大分の黒衣軍団。

兵庫

報徳学園高等学校 ㊹

優勝こそないが花園ベスト8以上6回の報徳学園が強豪だ。

奈良

天理高等学校 (63)
御所実業高等学校 ⑪

花園優勝6回＆63回出場を誇る“純白”の天理と、準優勝3回の“総黒”の御所実業がしのぎを削る。

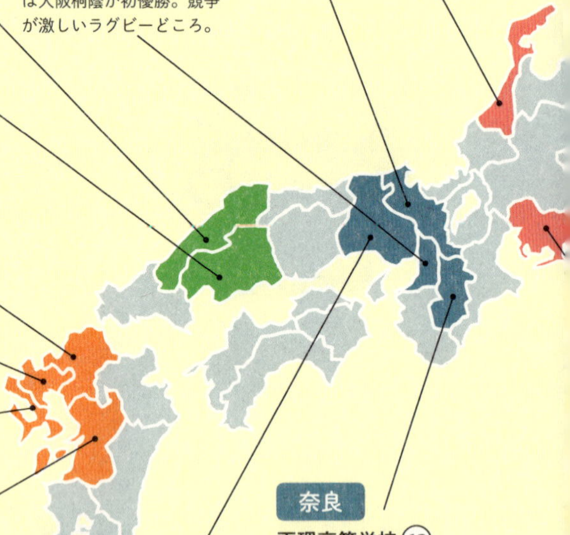

※ 学校名の後の数字は、花園（全国高等学校ラグビーフットボール大会）出場回数(2018年度までの出場回数)

か

秋田
秋田工業高等学校 ㊿
花園出場67回＆優勝15回は最多。近年は秋田中央と好敵手関係。

宮城
仙台育英高等学校 ㉕
23年連続25回花園出場中の東北の雄。畠山健介の出身校。

栃木
國學院大學栃木高等学校 ㉔
19年連続24回花園出場中。吉岡肇監督が強豪に導いた。

茨城
茗溪学園高等学校 ㉔
展開ラグビーが持ち味の強豪。1988年度、両校優勝を経験。

千葉
流通経済大学付属柏高等学校 ㉖
花園に24年連続26回出場中の強豪。18年度は初のベスト4進出。

東京
國學院大學久我山高等学校 ㊶
東京高等学校 ⑫
目黒学院高等学校 ⑱
早稲田実業学校高等部 ⑥
優勝経験のある國學院久我山と目黒学院が有名。前に出るDFが持ち味の東京、中高大連携で強化している早実も近年、力をつけてきた。

神奈川
桐蔭学園高等学校 ⑰
慶應義塾高等学校 ㉞
桐蔭学園が近年は神奈川を席巻し、花園単独優勝を目指している。慶応も負けじと強化中である。

山梨
日川高等学校 ㊽
花園に13年連続48回出場中の強豪。パスラグビーが持ち味。

愛知
中部大春日丘高等学校 ⑧
西陵高等学校 ⑤
優勝したこともある西陵が強豪だったが、近年は姫野和樹の出身校・中部大春日丘が花園に出場中。

日本代表キャップ保持者 トップ10

日本代表のキャップ保持者のトップ10を紹介！
ラグビー初心者でも知っている、
有名選手が名を連ねます！

キャップについてはP.61を参照してください！

順位	名前	cap取得数	出身校	所属（キャップ取得時の所属）
1	大野 均	98	日大	東芝ブレイブルーパス
2	小野澤 宏時	81	中大	サントリーサンゴリアス
3	元木 由記雄	79	明大	神戸製鋼コベルコスティーラーズ
4	畠山健介	78	早大	サントリーサンゴリアス
5	田中史朗	69	京産大	三洋電機（現パナソニック）ワイルドナイツ
6	菊谷 崇	68	大阪体育大	トヨタ自動車ヴェルブリッツ
7	トンプソン ルーク	64	リンカーン大学	近鉄ライナーズ
8	伊藤剛臣	62	法大	神戸製鋼コベルコスティーラーズ
9	リーチ マイケル	59	東海大	東海大
10	大畑大介	58	京産大	神戸製鋼コベルコスティーラーズ
10	堀江翔太	58	帝京	三洋電機（現パナソニック）ワイルドナイツ

＊キャップ数は2018年11月25日時点

サイドアタック
【さいどあたっく】(戦)

スクラムやモール、ラックでSHやNo.8がボールを持ち出して、すぐ横（サイド）をアタックすること。SHのスピードで相手の隙をついたり、No.8の突破力を活かしたりするアタックと言えよう。ゴール前でスクラムを押し込みつつ、No.8がサイド攻撃からトライというシーンはよく目にする。

サインプレー
【さいんぷれー】(戦)

主にラインアウトやスクラムといったセットプレーを起点に、選手とボールの動きをあらかじめ決めておいて、連動して動くプレーだ。1発でトライを取りにいくプレーもあるが、セットプレーから2次〜3次攻撃あたりまで決めておくのが一般的だ。

坂井克行
【さかいかつゆき】(人)

1988年生まれ、三重県出身。男子7人制日本代表を引っ張る「ミスターセブンズ」。セブンズではSO、15人制（豊田自動織機）ではWTBなどでプレー。四日市農芸高で競技を始め、早稲田大時代から7人制代表に選出、リオ五輪にも出場。10年以上セブンズの主力で、2019年には桑水流裕策の記録（52大会）を抜き、歴代最多大会数となった。すっかりセブンズの顔となった坂井は、当然、東京五輪の出場も狙っている！

坂田好弘
【さかたよしひろ】(人)

1942年生まれ、京都出身。元日本代表選手で現指導者。洛北高から同志社大に進学し日本代表に選出。指導者としても36年間の長きにわたり、大阪体育大の監督を務めて日本代表を始めとして数多くの選手を育てる。2019年現在は関西ラグビー協会会長。近鉄に入った後の1968年、日本代表としてオールブラックス・ジュニアから4トライを挙げて勝利に貢献し「空飛ぶWTB（FLYING WING）」と称され、ニュージーランドの「プレイヤーズ・オブ・ザ・イヤー」にも輝いた。1969年には単身カンタベリー大学へ留学、カンタベリー代表としてオールブラックスの一歩手前までいく活躍を見せた。愛称は「Demi」。2012年、ワールドラグビーの「ラグビー殿堂」に日本人として初めて選出された。代表キャップ16。

相良南海夫
【さがらなみお】(人)

1969年生まれ、東京都出身。早大学院でラグビーを始め、花園に出場。早稲田大時代はFLや主将を務めるなど活躍し、大学選手権優勝や日本選手権優勝も経験。三菱重工相模原を経て2018年より早稲田大の監督に就任、1年目から対抗戦優勝に導く。息子・昌彦も2019年から早稲田大でプレーする。息子との親子鷹で、2008年度以来の大学日本一に返り咲くことができるか。

サクラセブンズ（女子セブンズ日本代表）
【さくらせぶんず（じょしせぶんずにほんだいひょう）】㊛

2013年6月に決まった女子7人制日本代表の愛称。全国から2365通の応募から選ばれた。日本代表の桜のエンブレムにちなんでサクラという名がついた。リオ五輪は10位と活躍できなかった。すでに出場が決まっている東京五輪でメダルを獲得できるか。

桜のエンブレム、桜のジャージー
【さくらのえんぶれむ、さくらのじゃーじー】㊙

ラグビー日本代表のジャージーには3輪の満開の桜の花のエンブレム描かれている。初代日本代表監督だった香山蕃氏が武士の魂を象徴する花として桜を選んだという。日本代表のジャージーは「桜のジャージー」とも呼ばれる。1930年、最初のエンブレムでは3輪の桜は満開、半開き、つぼみだったが、1952年には3つの花びらが満開となる現在の形になった。

サクラフィフティーン（女子ラグビー日本代表）
【さくらふぃふてぃーん（じょしらぐびーにほんだいひょう）】㊛

2013年6月に女子7人制日本代表の愛称「サクラセブンズ」と同時に決まった、女子15人制日本代表の愛称だ。2017年W杯に4大会ぶり4度目の出場を果たした。

ザ・ラグビーチャンピオンシップ
【ざ・らぐびーちゃんぴおんしっぷ】㊁

南半球の強豪4チームにより、毎年夏に行われている国際対抗戦だ。1996年からニュージーランド、オーストラリア、南アフリカの3カ国によって「トライネーションズ」が始まり、2012年にアルゼンチン代表が加わり、現在の4カ国の対抗戦の形に。1996年から2018年まで、ニュージーランドが16回優勝と圧倒的な強さを誇っており、アルゼンチンの優勝はない。

サラセンズ
【さらせんず】㋔

イングランド・プレミアシップの強豪。1876年にロンドンで創部。チーム名のサラセンは中世ヨーロッパではイスラム教徒を指す。プレミアシップ優勝5回、欧州王者3度を誇る。愛称はサリーズ、ジャージーの色から「メンインブラック」とも。過去にはエディー・ジョーンズ氏が指揮し、岩渕健輔も在籍。

沢木敬介
【さわきけいすけ】㋛

1975年生まれ、秋田県出身。元日本代表で現在は指導者。日大を経てサントリーでSOとして活躍した後、2007年からサントリーのコーチを務め、2012年からヘッドコーチに就任。2013年にはU20日本代表指揮官を経験、2015年ワールドカップでは日本代表のコーチとの一人となり3勝に貢献。その後、再びサントリーに戻り指揮官となり、2016年度、2017年度とトップリーグの連覇に導いたが、2018年度で退任した。

サンウルブズ
【さんうるぶず】㋔

2016年からスーパーラグビーに参戦した日本を本拠地とするチームだ。「日出ずる国」を象徴している太陽と、統率された群れで大きな敵に立ち向かう狼を合わせて、サンウルブズというチーム名になった。ホームは東京・秩父宮ラグビー場とシンガポールの国立競技場。練習場は市原スポレクパークだ。当初は南アフリカカンファレンスに所属していたが、2018年からオーストラリアカンファレンス所属に。5年契約で参加しており、2020年を最後にリーグから除外されることが決まった。

サンゴリアス君
【さんごりあすくん】㋮

ラグビー大好きのサントリーサンゴリアスの公式マスコット。出身地は府中の森の中。誕生日は8月29日（永遠の子ども）。バナナとオランジーナが好物。座右の銘は「ゴリ夢中」。妹はサンゴリーナちゃんだ。

サンザー
【さんざー】㋕

「サンザー（SANZAR）」とは1996年からスーパーラグビーを運営するにあたり、南アフリカ協会（SA）、ニュージーランド協会（NZ）、オーストラリア協会（AR）の共同で運営する団体で「ザ・ラグビーチャンピオンシップ」も開催。2012年から南半球の対抗戦にアルゼンチン代表が加わることになり、アルゼンチン協会（AR）も加入し「SANZAAR（サンザー）」となった。

サンドウィッチマン
【さんどういっちまん】㋛

1974年生まれの伊達みきおと富澤たけしの2人からなる宮城県出身のお笑いコンビ・漫才師。1998年にコンビを結成し、2005年にTV番組「エンタの神様」に出演し人気を博し、2007年のM-1グランプリで優勝。仙台商時代はともにラグビー部に所属し2人ともFW第一列だった。現在も郷土愛、

ラグビー愛が強いコンビで「We Love Rugby」というラジオ番組も持つ。

サントリー
【さんとりー】(チ)
トップリーグに参加する強豪で、多くの日本代表選手も輩出している、サントリーラグビー部だ。練習場は東京都府中市にある。1980年に創部、全国社会人大会で3回優勝した。2003年にトップリーグができると、太陽の「サン（SUN）」、と巨人の「ゴリアス（GOLIATH）」から「サントリーサンゴリアス」となり、ジャージーはイエローとなった。トップリーグでも強さは変わらず、2度の連覇を含む5度の優勝を誇る。日本選手権は通算8回優勝している。

試合時間
【しあいじかん】(試)
ラグビーの試合時間は基本的には40分ハーフの80分。高校は30分ハーフの60分。小学校は学年によるが10分ハーフ、15分ハーフ。中学生は20分ハーフだ。セブンズ（7人制ラグビー）は7分ハーフだ。

試合後にどこか痛い
【しあいごにどこかいたい】(あ)
ラグビー選手は、試合中はアドレナリンが出ており、興奮しているため、ケガや多少の傷ができても体は動くもの。しかし試合後や一晩寝て、体のどこかが痛かったり、ケガしていたりというのはよくあること。

試合前の涙
【しあいまえのなみだ】(あ)
ラグビー独特かもしれないが、試合前のロッカールームや校歌や国歌を歌いながら泣いてしまう選手を目にする。その試合に出られて良かった、嬉しい！と感極まったり、興奮したりして泣いてしまうというわけだ。ただ、あまり興奮過ぎるとパフォーマンスは下がってしまうという。

シークエンス
【しーくえんす】㊧

セットプレーから２次、３次攻撃あたりまで決めているのがサインプレーだが、それを５次、６次、時には10次攻撃あたりまで決めておくのが「シークエンス（"連続"という意味）」だ。2000年以前からブランビーズで用いられて、その後、日本でもサントリー、さらに早稲田大などでも活用された。

GPS
【じーぴーえす】㊰

グローバル・ポジショニング・システム (Global Positioning System/ Satellite、全地球測位システム）の頭文字で、衛星測位システムのことだ。トレーニング中や試合中にGPSをつけてそのデーターを活用。現在ではトップスピードやその回数、距離、ジャンプやしゃがんだ回数、衝撃まで測れる。

ジェイク・ホワイト
【じぇいく・ほわいと】㊟

1963年生まれ。南アフリカ出身のラグビー指導者。高校のコーチとして実績を積み、2002年に南アフリカ代表U21を率いて世界大会で優勝。2004年から南アフリカ代表の指揮官となり、2007年ワールドカップで優勝に導く。オーストラリアやフランスなどでクラブを指揮後、2017年からトヨタ自動車ヴェルブリッツの監督を務める。

ジェイスポーツ
【じぇいすぽーつ】㊰

４つのスポーツ専門チャンネルを持つスポーツ専門放送局だ。1997年から日本代表の主要試合を放送し、1999年からワールドカップも全試合放送する。またスーパーラグビーや高校、大学の試合も放送。

シェイプ
【しぇいぷ】㊧

戦術の「アタック・シェイプ」を指すときもあるが、単に「シェイプ」といった場合は、アタック時に、何人かで作るポジショニングや立ち位置を指す。近年はFW３人の選手が「アロー（矢）」の形を作って立つ「シェイプ」を作るチームが増えた。

ジェイミー・ジョセフ

【じぇいみー・じょせふ】⊛
1969年生まれ、ニュージーランド出身。元オールブラックス（20キャップ）＆元日本代表（9キャップ）のFWとして活躍、現在はラグビー指導者である。父や叔父がラグビーをやっていたためラグビーを始め、オタゴ、マオリ・オールブラックス、そしてオールブラックスとして活躍し1995年のワールドカップに出場。その後サニックス（現・宗像サニックス）でプレーし、1999年のワールドカップには日本代表として出場（当時は2カ国、3カ国の代表選手になれた）。現役引退後、指導者となる。ウェリントン、マオリ・オールブラックス代表などを経て2011年からハイランダーズの指揮官となり、2015年にスーパーラグビーで初優勝に導く。そして2016年から2019年ワールドカップを控えた日本代表のヘッドコーチを務めている。釣りが趣味で刺身が大好き。カラオケでは「島唄」を歌う。

シェーン・ウィリアムズ

【しぇーん・うぃりあむず】⊛
1977年生まれのウェールズの元ラグビー選手。幼少期は体が小さくラグビーをするのが難しかったが、努力を重ね2000年、23歳の時にウェールズ代表に選出されると、3度ワールドカップに出場。87キャップを保持し58トライを挙げたレジェンド。2012〜15年までは三菱重工相模原でもプレーした。

ジェネラルマネージャー

【じぇねらるまねーじゃー】⊛
「GM」とも略されるジェネラルマネージャーは監督やコーチの上位職だ。チームの強化方針の担当者で、チーム全体のマネジメントはもちろん、選手だけでなく監督、コーチの編成を行ったりする場合も。時にはひとりがGMと監督を兼任する場合も。

紫紺
【しこん】他

紫紺のジャージーと言えば、紫紺と白の段柄の明治大のファーストジャージーのことを指す。そのため明治ラグビー部のことを「紫紺軍団」と表現する場合もあり、明治や明治大のラグビーを象徴する色となっている。伝統的に、紫紺のジャージーを洗濯するのはもっぱら１年生の役目で、白の部分が真っ白になるまで洗わないといけない。

シザーズ＝スイッチ、クロス
【しざーず＝すいっち、くろす】戦

「スイッチ」「クロス」とも呼ばれるプレーは、ある選手が左に走り、左から右に走ってくる選手にパスをして、相手ディフェンスを惑わせようとする代表的なプレーだ。

で、女子７人制ラグビー日本代表の愛称は「サクラセブンズ」だ。男子、女子ともにアジア大会で優勝でしたり、セブンズのワールドカップに出場するなどアジアでは最強を誇る。男子はリオデジャネイロ五輪で４位に入賞した。15人制は試合に出た回数をキャップで数えるが、７人制ラグビーは大会出場数で数える。

７人制ラグビー日本代表
【しちにんせいらぐびーにほんだいひょう】他

15人制ラグビーにも日本代表があるように、７人制ラグビー（セブンズ）にも日本代表がある。両チームのスローガンは「I'm JAPAN」

シナリ・ラトゥ
【しなり・らとぅ】人

1965年生まれ、トンガ出身。第１回ワールドカップから３回連続出場した元日本代表No.8。現在は母校・大東文化大を指導する。日本に帰化した後はラトゥ ウィリアム志南利となった。大東文化大でトンガ留

学生旋風を巻き起こし、1986年、1988年度の２度の大学選手権優勝に貢献。卒業後は三洋電機（現・パナソニック）でプレーした。日本代表キャップ32を誇る。

下鴨神社　第一蹴の地
【しもがもじんじゃ　だいいっしゅうのち】㊥

京都にある世界遺産・下鴨神社の境内糺の森で、1910年、旧制第３高等学校（現・京都大学）の学生が慶應義塾（現・慶應義塾大）の学生に初めてラグビーを習ったという。関西地方で初めてラグビーが行われた場所に、1969年に「第一蹴の地」の石碑が建てられた。下鴨神社には球技の神様をまつる社殿「雑太社」もあり、ラグビーボールの形をした絵馬や日本代表のエンブレムの入ったお守りも扱っている。

ジャッカル（フェッチャー）
【じゃっかる（ふぇっちゃー）】㊛

タックル後、タックルした選手や味方がラック成立前に相手のボールを奪ってターンオーバーするプレーを「ジャッカル」という（タックルで倒されている選手がジャッカルを妨害するとペナルティに）。もともとはジョージ・スミスの愛称に由来する。ジャッカルする選手を「フェッチャー（fetcher）」とも呼ぶ場合もある。

ジャッカルの名手＝ジョージ・スミス
【じゃっかるのめいしゅ＝じょーじ・すみす】㊗

1980年生まれ、オーストラリア出身。トンガ系の元豪州代表選手。FLとして大活躍し、29歳のとき、史上最年少で100キャップを獲得（通算111キャップ）。ボールを奪取するプレーが得意で、スミスの愛称であった「ジャッカル」がプレー名に。豪州やフランスを経て2011年からサントリーに在籍、2011年度、2012年度、トップリーグの年間MVPを受賞。2019年度からサントリーのコーチに就任した。

「ジャパンウェイ」
【じゃぱんうぇい】㊝

2012年から2015年まで日本代表を指揮したエディー・ジョーンズHCが掲げたスローガンであり、戦い方が「ジャパンウェイ（JapanWay）」である。日本人の特性を活かすため、ユニットを重層的に配置してランとパスで攻める戦術と、キックをあまり使用せずフィットネスを使う戦略、さらに粘り強く戦うメンタル面など、総合的に「日本人らしさ」に根付いた独自の戦い方、考え方のことを指す言葉。

ジャパンエスアール
【じゃぱんえすあーる】㊙

2016年からスーパーラグビーに参入したサンウルブズの運営や試合の開催を行っている一般社団法人でJSRAとも呼ばれる。日本で初のプロラグビークラブ運営団体だ。

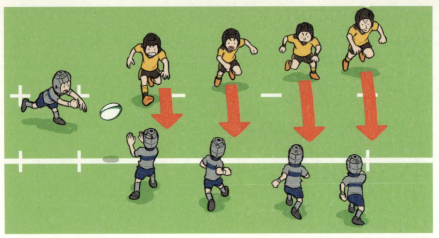

シャローディフェンス ブリッツディフェンス　詰め
【しゃろーでぃふぇんす　ぶりっつでぃふぇんす　つめ】〘戦〙

2000年頃から、組織的に流れるように動き、タッチラインに押し出し数的有利を作る「ドリフトディフェンス」が流行した。だが、近年はディフェンスラインが整った場合は、相手のスペースと考える時間を奪うため、極端に前に出るシャローディフェンスを採用するチームが増えた。相手をゲインラインの手前で止めてのターンオーバーや相手に隙があればインターセプトも狙う攻撃的な組織ディフェンスである。

ジャンパー

【じゃんぱー】〘試〙

空中でボールをキャッチする人だ。ラインアウトやキックオフでリフトされてボールをキャッチする人のことを指す。主に身長の高いLOが務めることが多い。

重戦車(軍団)
【じゅうせんしゃ（ぐんだん）】他

明治大FWを形容する言葉。特に北島忠治監督の「前へ」のスローガンのもとに、1980年代、90年代にFWを前面に出して戦う明治の代名詞ともなった言葉だ。

宿澤広朗
【しゅくざわひろあき】〘人〙

1950年－2006年。埼玉生まれ。ラグビーと仕事と文武両道を貫いた名指導者だった。熊谷高から競技を始め、早稲田大では１年からSHとして活躍し、1970年度から大学選手権と日本選手権で連覇を達成、２年時に日本代表に選出（キャップ３）された。卒業後は住友銀行に入行し役員にまで上り詰めた。1989年、38歳の若さで日本代表監督に就任し、５月にはスコットランドを下し、1991年ワールドカップではジンバブエを破り日本代表に初勝利をもたらす。その後も銀行マンの傍ら日本代表強化委員長などを歴任。登山中に心筋梗塞で55歳の若さで死去。

ジュニア・ジャパン
【じゅにあ・じゃぱん】他
15人制では日本代表の下に「ジャパンA（A代表）」と呼ばれるチームがあった。2012年からは若手育成を目的とした「ジュニア・ジャパン」という呼び名となり、2013年から国際大会にも参加、U20世代の選手も積極的に起用しながら、サモア、トンガ、フィジーのA代表と対戦している。

常翔学園＝大阪工大高
【じょうしょうがくえん＝おおさかこうだいこう】学
2008年から大阪工大高から常翔学園という名になったのが「ダイコー」の愛称で知られる大阪の強豪校。練習場は淀川の河川敷だ。1937年にラグビー部が正式に創部され、1966年に花園に初出場3位となり、その後は花園で5度、選抜で1回の計6回の優勝を誇る。ジャージーは淀川の色を示す紺に闘魂を示す2本の赤い線が入っている。「NavyRed's」という愛称も。

常翔啓光学園＝啓光学園
【じょうしょうけいこうがくえん＝けいこうがくえん】学
ロイヤルブルーのジャージーで高校ラグビーに歴史を築いた大阪の名門。かつては啓光学園だったが、2008年からは常翔啓光学園に。パスワークや守備を武器に花園では戦後初の4連覇を含む7回の優勝、選抜大会も含めて10回の全国制覇を誇る。ただ現在、部の強化は従来ほどではなくなり、花園出場も難しくなっている。

ジョージ・グレーガン
【じょーじ・ぐれーがん】人
1973年生まれ。元オーストラリア代表SH。オーストラリア人の父とジンバブエ人の母の元にザンビアで生まれる。豪州の地元のクラブ、ブランビーズの中心選手として活躍、オーストラリア代表としても139試合に出場、ワールドカップ4大会に出場。2008年から11年までサントリーでもプレーした。引退後はコメンテーターやコーヒーショップの経営など幅広く活動している。

ショートラインアウト
【しょーとらいんあうと】試
ラインアウトはボールを投げ入れる側が並ぶ人数を決める。通常はFW7人を立たせる場合が多いが、FWの人数を少なく始めるラインアウトを「ショートラインアウト」という。突破力のあるNo.8などをBKラインに参加させることが狙いのひとつ。

「勝利は奇跡ではなく必然です」
【しょうりはきせきではなくひつぜんです】名
2015年9月19日、ラグビー日本代表が南アフリカ代表を34−32で下した後、ミックスゾーンで副将＆キッカーのFB五郎丸歩が「勝利は奇跡ではなく必然です」と口にした。それだけこの日をターゲットにハードワークをしてきたことが伝わってくる言葉だ。

ジョナサン・セクストン
【じょなさん・せくすとん】人
1985年生まれ。アイルランドを引っ張るSO。パス、キック、ランと総合力の高い司令塔。レンスターやフランスのクラブでプレーし、レンスターを2008、10、11年度の欧州クラブ王者に導く。2009年に代表デビューし、2013年、17年にはライオンズ（P.152）にも選出、2018年に世界の年間最優秀選手に輝いた。代表キャップは80を超える。

ジョン・カーワン
【じょん・かーわん】人
1964年生まれ。ニュージーランドの元選手で指導者。1987年の第1回ワールドカップでオールブラックスの優勝に貢献したWTBで代表キャップは63を誇る。1997年から3年間は、NECにも在籍。選手引退後は、指導者としてイタリア代表や2007年、2011年の2度のワールドカップで日本代表を指揮した。

シルバーファーン
【しるばーふぁーん】他
シルバーファーン（銀シダ）は、ニュージーランドの象徴でオールブラックスのエンブレムでもある。銀シダはニュージーランドの国章にも描かれる意匠で、もとはマオリ族が信仰の対象としていたという。銀シダは裏が銀（白）で、夜道を歩くとき裏返しに置いて仲間に行く末を示し、そこから「前進」や「躍動」といった意味を持ったという。なお「シルバーファーンズ」はネットボールのニュージーランド代表の愛称だ。

身長、体重のサバを読む
【しんちょう、たいじゅうのさばをよむ】あ
ラグビーメンバー表に載っている数字だが、当然チームから提出されたもので、FWの選手は身長、体重を大きく申告しがちだ。BKの選手も同様だが、相手を油断させるために、あえて実際より小さく言う場合も。

陣取り合戦
【じんとりがっせん】他
ラグビーはお互い、相手のエリアの奥にあるインゴールにボールを置けばトライ（5点）となる。そのため、なるべく敵陣で多くプレーすれば自然と勝利に近づくため、ラグビーのゲーム的要素を「陣取り合戦」と喩えることも。そのため「エリアマネジメント」という言葉もよく使われる。

正誤表

『ラグビー語辞典』におきまして、以下のような誤りがありました。
お詫びして訂正致します。

● 25ページ
フランカー（FL）

【誤】Franker → 【正】Flanker

● 76ページ
「高校ラグビー強豪校紹介！」内
九州地方の地図表記に誤りがありました。
正しくは以下の通りです。

福岡
東福岡高等学校
優勝6回の全国区の強豪。パスラグビーが持ち味の「フェニックス」。

佐賀
佐賀工業高等学校
県内随一の強豪。2007年の予選準決勝では300－0を記録した。

長崎
長崎北陽台高等学校
長崎南山、長崎北と切磋琢磨している文武両道の強豪だ。

大分
大分舞鶴高等学校
花園に57回出場して、優勝経験もある大分の黒衣軍団。

新日鐵釜石＝釜石シーウェイブズRFC
【しんにってつかまいし＝かまいししーうぇいぶすあーるえふしー】㋑

新日鐵釜石は、1959年に設立されたチームで、東北出身の高卒の選手を鍛え上げて1978年度から1984年度年にかけて日本選手権7連覇を達成し、日本選手権は8回、全国社会人大会の優勝は9回を誇る強豪だった。「北の鉄人」の異名で呼ばれ、製鉄所の赤い炎にちなんだ赤のジャージー、左胸には釜石市の花「ハマユリ」が縫いつけられており、釜石は「ラグビーの街」としても知られるようになった。ただ2001年からクラブチーム化し「釜石シーウェイブス」となると、トップリーグ2部リーグで戦うようになり、まだトップリーグに昇格することはできていない。試合は釜石市球技場（松倉グラウンド）や釜石鵜住居復興スタジアムなどで行っている。釜石の代表的な郷土芸能として知られる「虎舞」にちなんで、「なかぴー」「なかりん」という虎の姿をした非公式黙認キャラクターがいる。

新日鐵釜石の7連覇
【しんにってつかまいしのななれんぱ】㋛

新日鐵釜石が一時代を築いたのは1978年度から1984年度にかけてのことで、日本ラグビー界の金字塔のひとつである日本選手権7連覇を達成。高卒の選手を鍛えつつも要所には、司令塔でキャプテンSO松尾雄治、PRの故・洞口孝治、CTB森重隆ら日本代表選手もいた。8連覇を狙った1985年度は全国社会人大会準決勝で、後に同じく7連覇を達成する神戸製鋼に敗れている。

1978年から1984年までの
日本選手権決勝　結果

年度	得点	対戦チーム
1978年	24-0	日本体育大学
1979年	32-6	明治大学
1980年	10-3	同志社大学
1981年	30-14	明治大学
1982年	21-8	同志社大学
1983年	35-10	同志社大学
1984年	31-17	同志社大学

「信は力なり」
【しんはちからなり】名

元日本代表FL山口良治が指揮した「フシコー」こと京都市立伏見工業（現・京都工学院）ラグビー部のスローガンが「信は力なり」だ。弱小だった伏見工業が、山口の指導により、全国的な強豪校へと生まれ変わった逸話は「スクール☆ウォーズ」で有名に。今でも京都工学院のパンツには「信は力なり」という文字が刻まれている。

シンビン
【しんびん】試

シンビンは英語では「sin」「bin」で、罪の箱、つまり罰せられたら座る場所を指す。危ないプレーや非紳士的行為を行った場合はイエローカードが出され、10分間の一時的退出に。ちなみに、ゲーム再開の笛が鳴ってからの10分間だ。1996年から採用。セブンズでは2分、高校では7分。

スイープ
【すいーぷ】戦

タックル後、タックラーや相手チームの選手がボールに絡もうと来たとき、その選手を排除（スイープ）し、アタックを継続することだ。「2人目の寄り」がはやい、遅いという言葉がよく使われるが、スイープする選手の寄りのことだ。相手の懐に入ってタックルのようにはがしたり、相手を地面に倒す（ロール）したりして排除する。

スウィング・ロウ・スウィート・チャリオット
【すいんぐ・ろう・すうぃーと・ちゃりおっと】他

イングランド代表の応援歌。元々は19世紀後半頃にアメリカで広まった黒人霊歌だったという。1988年にイングランド代表のホームで行われたアイルランド戦で歌われ、1991年からは応援歌として定着。2003年、イングランド代表がワールドカップで優勝し帰国する際に搭乗した飛行機は「スウィートチャリオット」と名付けられた。

スーパーラグビー（SR）
【すーぱーらぐびー】他

1996年からNZ、豪州、南アフリカの12のクラブが参加し始まったプロリーグ。その後、18チームまで増えたが、2018年から15チームとなる。2021年からサンウルブズが削減され14チーム総当たりとなる予定。

スーパーリーグ
【すーぱーりーぐ】他

関東高校スーパーリーグ（KSL）のこと。2002年から関東の強豪高の有志で開始。現在は12チームが3部に分かれて戦っている。

スーパーラグビーチーム一覧

	チーム名	創立	本拠地	優勝回数	特徴
オーストラリア カンファレンス	サンウルブズ	2016年	東京（日本）	0回	日本唯一のチーム。21年以降の除外が決定。
	ブランビーズ	1996年	キャンベラ（オーストラリア）	2回	優勝2回を誇る豪州の雄。紋章は跳ね馬。
	レッズ	1882年	ブリスベン（オーストラリア）	1回	11年に初優勝。過去には五郎丸歩も在籍。
	レベルズ	2010年	メルボルン（オーストラリア）	0回	豪州で最も新しいチーム。日本人も多数在籍。
	ワラターズ	1882年	シドニー（オーストラリア）	1回	愛称は「ターズ」。14年に初優勝した。
南アフリカ カンファレンス	ストーマーズ	1996年	ケープタウン（南アフリカ）	0回	南アのラグビー人気の高い地域を本拠地とする。
	ジャガーズ	2015年	ブエノスアイレス（アルゼンチン）	0回	アルゼンチン唯一のクラブ。ハグアレスと発音。
	シャークス	1995年	ダーバン（南アフリカ）	0回	準優勝4回の南アの強豪クラブのひとつ。
	ブルズ	1996年	プレトリア（南アフリカ）	3回	07、09、10年と南アで唯一優勝している雄。
	ライオンズ	1996年	ヨハネスブルグ（南アフリカ）	0回	近年成長著しい。16、17、18年に準優勝。
ニュージーランド カンファレンス	クルセイダーズ	1996年	クライストチャーチ（ニュージーランド）	9回	優勝9回を誇るSR最強のチーム。
	チーフス	1995年	ハミルトン（ニュージーランド）	2回	NZの強豪のひとつ。過去にリーチも在籍。
	ハイランダーズ	1995年	ダニーデン（ニュージーランド）	1回	ジョセフHCが2015年に初優勝をもたらす。
	ハリケーンズ	1996年	ウェリントン（ニュージーランド）	1回	「風の街」が本拠地。攻撃ラグビーが魅力。
	ブルーズ	1996年	オークランド（ニュージーランド）	3回	古豪。NZ最大の都市を本拠地とする。

※2019年6月現在

菅平
【すがだいら】場

長野県の菅平高原のこと。上信越高原国立公園に属し、上田市を中心とした標高1300mを超える高原だ。ラグビー場が100面以上ある。夏でも冷涼なため、ラグビーの夏合宿のメッカだ。冬はスキーが盛んで、キャベツなどの栽培でも有名。ラグビーの合宿地としては戦前から使用され、戦後、早稲田大が使ってから徐々に増え、現在では毎年1000近くのチームが合宿を張っている。

スキル
【すきる】戦

スキルとは、広義で言えばパス、ラン、キック、ステップ、タックルといったラグビーをプレーするためのそれぞれのテクニックを指す言葉だ。狭義では、それをどういった判断でどのシチュエーションで使うかという意味を持っており、つまり「判断を伴ったテクニック」がスキルということになる。

菅平という文字を見るといまだにテンションが下がる
【すがだいらというもじをみるといまだにてんしょんがさがる】あ

ラグビーの夏合宿と言えば、菅平高原でのランパスやハードなトレーニング、連日の試合を思い出す人も多いのではないだろうか。ラグビー部員にとって菅平ではいい思い出は少なく、きつい、厳しい記憶の方が鮮明であり、大人になっても思わず、「菅平」の文字を見かけると、当時を思い出してしまう人もいるはずだ。

スクラムの配置

PRは後ろからLOとFLに押され、両肩でスクラムを押す。チーム一の巨漢・右PR（3番）が中心。3番が前に出る形が多い。

スクール☆ウォーズ
【すくーる☆うぉーず】文

〈本〉
人気ドラマ、映画にもなった作家・馬場信浩の1981年に発表されたノンフィクション。伏見工業高等学校ラグビー部とその監督の山口良治が荒廃した高校を立て直し花園で日本一になるまでを描いた。初版時のタイトルは「落ちこぼれ軍団の奇跡」だった。

〈ドラマ〉
1984年10月から1985年4月まで、TBSで放送された山下真司主演の学園ドラマ。正式な題名は「スクール☆ウォーズ ～泣き虫先生の7年戦争～」。原作とは違い、神奈川県の高校が舞台。このドラマのヒットでラグビー人口が増加したほど。そして1990年9月から91年1月まで続編も作られた。主演は同じく山下真司。茨城県の少年院に高校の分校が作られ、主役の教師・滝沢賢治が教師として赴任、教え子だった松村雄基演じる大木大助をコーチとして花園出場を目指すストーリー。

〈映画〉
2004年に公開された俳優・照英主演の映画。タイトルは「スクール・ウォーズHERO」。山口良治の自身の著書が原作で、舞台は京都などドラマ版よりも原作に近い。教師役で芸人「中川家」の2人、警察官役で大八木淳史氏、審判役で薬師寺利弥氏(現・光泉高監督)が出演している。

スクラム
【すくらむ】試

ノックオン、スローフォワードなどのミスや軽い反則の後に行うゲームの再開方法。レフリーの「クラウチ、バインド、セット」の合図でFWが8人対8人でスクラムを組む。まっすぐ押すことが原則でFWの第1列にかかる衝撃は1tとも。故意に崩したり、あからさまに斜めに押したりすると反則になる。シンビンがあった場合は、BKの選手が入ることや8人対7人で組むこともある。ミスをしなかったチームのボールの投入で再開される。SHが主にボールを入れるが、サインプレーによってはFWや他のBKの選手が投入することも。高校生以下は1.5mまでしか押すことができない。

「スクラム組もうぜ!」
【すくらむくもうぜ!】名

2015年のラグビーワールドカップで、日本代表は南アフリカに29－32で負けていた。残り時間がほぼない中で、南アフリカがスクラムでペナルティを犯す。日本代表はPGも狙えたがスクラムを選択した。このとき、J SPORTSで実況を担当していた矢野武アナウンサーは、「南アフリカ相手にスクラム組もうぜ！宣戦布告」と発した。そのスクラムの後、見事に日本代表が34－32と逆転勝利こともあり、この「スクラム組もうぜ！」の言葉はTシャツになり、番組のサブタイトルにも使われている。

スクラムコーチ
【すくらむこーち】ポ

一試合では10～15回あると言われるスクラムの指導の専門コーチだ。FWコーチが兼ねることもあり、スクラムコーチがラインアウトやモールを指導することも。2015年ワールドカップで快進撃を見せた日本代表は、元フランス代表のマルク・ダルマゾが指導していた。2019年ワールドカップに出場する日本代表は、元日本代表の長谷川慎が担当。PRやHOなど元FW第一列の選手だった人がなる場合がほとんど。

スクリューキック
【すくりゅーきっく】試

楕円球のボールのやや側面を蹴って、スクリューをかけて飛ばすキックのこと。飛距離は出る反面、ボールが濡れていたり、相手がプレッシャーに来ていたりするとミスが起こりやすい。そのため、最近ではテストマッチレベルでは使用されなくなってきた。

スクリューパス＝スピンパス
【すくりゅーぱす＝すぴんぱす】試

ボールをあまり回転させない基本的な平パスに対して、長い距離や速いパスを投げたいときに使うのが、両手で弾くように回転をかけるスクリュー（スピン）パスだ。ただし、平パスに対してキャッチからパスまでに少しだけ時間がかかってしまう。BKの選手は状況によって使い分けが必要だ。

スコア＝得点
【すこあ＝とくてん】試

スコアとは得点のこと。ラグビーではトライが5点、ゴール（コンバージョン）が2点、PGとDGが3点、ペナルティトライはゴールを蹴らずそのまま7点。もちろん、スコアの合計で試合の勝敗が決まる。

スコッド
【すこっど】ポ

スコッド（squad）はもともと軍隊用語で「分隊」を意味する言葉だったが、「同じ仕事をする隊」ということで、「チーム」を指す言葉に。ラグビーでは選ばれたあるチームの選手というくらいの意味であり、「日本代表スコッド」となると、日本代表選手たちという意味で、「2019年のサンウルブズのスコッド」となると2019年にサンウルブズと契約した選手団という意味だ。

鈴木彩香
【すずきあやか】人

1989年生まれ、神奈川県出身。同級生の山口真理恵とともに女子ラグビーを引っ張ってきた選手のひとり。15人制ラグビーではスキルが高く、広い視野を持つSOとしてゲームを引っ張ってきた。2016年リオ五輪にも出場、セブンズではFWとしてもプレーする。小学校3年生の時、横浜市立汐入小学校でタグラグビーを始める。中学時代は陸上をしながらラグビーを続けて、高校で7人制、15人制の日本代表に名を連ね、アジア大会やセブンズワールドカップなど国際大会に出場。関東学院大から、立正大学大学院に進学。現在はアルカス熊谷の一員としてプレーをしながら、ラグビーの普及にも精を出している。

スタンドオフ(SO)＝フライハーフ＝ファイブエイス、ファーストファイブエイス
【すたんどおふ＝ふらいはーふ＝ふぁいぶえいす、ふぁーすとふぁいぶえいす】ポ

SOとは10番をつけたポジションで、SHからパスを受けて、パス、キック、ランとさまざまな選択してゲームをコントロールするため、司令塔とも言われる。スクラムから離れて立っているため「スタンドオフ」となる。海外ではキックを蹴ることが多いため「フライハーフ」や「five-eighths（ファイブエイス）」と呼ばれる。ファイブエイスは5／8という意味だが、FWを第1列と数えて、FBを8列目としたときの5列目（現在のラグビーでは7列目のポジションはなくなった）になり、その5列目には10番と12番の2人がおりSOを「ファースト・ファイブエイス」、インサイドCTBを「セカンド・ファイブエイス」という場合もある。

スチール
【すちーる】試

ラインアウトで相手のボールをキャッチやタップで奪うことを「スチール」という。スチールは、相手の攻撃権を奪うことになり、自陣ゴール前では一気にピンチを脱し、敵陣ゴール前では一気にチャンスとなるため、流れを変えるビッグプレーのひとつ。

スティーブ・ハンセン
【すてぃーぶ・はんせん】人

1959年生まれのニュージーランドの名指導者である。現役時代はCTBでカンタベリー州代表としてプレーしたが、オールブラックスとしてはプレーできなかった。1996年から指導者としての道を歩み、ウェイン・スミスやロビー・ディーンズといった名将のもとでカンタベリーやクルセイダーズのアシスタントコーチを務めて経験を積んだ。2002年から2年、ウェールズ代表のヘッドコーチを務めた後、ニュージーランドに戻り2004年から2011年までグラハム・ヘンリーのもとでオールブラックスのアシスタントコーチに就任し2011年ワールドカップの優勝に貢献し、2012年からヘッドコーチに昇格、2015年のワールドカップで優勝し、史上初のワールドカップ連覇に寄与した。2019年ワールドカップでは3連覇に挑む。

スティーブン・ラーカム
【すてぃーぶん・らーかむ】人

1974年生まれのオーストラリアの元ラグビー選手・指導者。キャンベラの出身で、ブランビーズで長く活躍し、ワラビーズとしても102キャップを誇り、現役時代は世界最高峰のSOと呼び声高かった。日本のリコーでもプレーした後、指導者の道に。古巣のブランビーズやオーストラリア代表のコーチを務めた。オーストラリア国立大学を卒業したインテリ選手としても知られる。

ステップ
【すてっぷ】試

ボールを持ってランするときに、自らの足で相手を交わしつつ前進すること。もちろんWTBなどのトライゲッターはスピードとともにステップの技術も高い選手が多い。ただ近年はどのポジションでもステップを切って前に出るスキルが必要とされている。

スパーキー
【すぱーきー】マ

スパーキーは九州の強豪社会人チームのひとつコカ・コーラレッドスパークスの公式マスコットである。九州から発した火花に不屈の魂が宿って生まれたとされている。たまに体型が違うときがある（？）が、基本的にはスラッとしていることが多い！ Twitterもやっており、口癖は「#スパーーーーーク！」である。

スプリングボクス
【すぷりんぐぼくす】㋢

ワールドカップ優勝2回を誇るラグビー南アフリカ代表の愛称である。スプリングボック（Springbok）とは、サバンナに住むウシ科の南アフリカのナショナルアニマルで、複数形で「スプリングボクス」となる。もともとすべてのスポーツの南アフリカ代表の愛称だったが、ラグビーはアパルトヘイトにおける白人の象徴的なスポーツだったため、1995年に愛称が変更されることが一度は決まった。しかし当時のマンデラ大統領は、「今はエンブレムやジャージーを変える時ではない」「赦しが必要だ」とその決議を1人で覆して、今でもラグビーの代表に残っている。そのあたりの逸話は映画「インビクタス―負けざる者たち―」に詳しい。なお南アフリカ7人制ラグビー代表は通称「ブリッツボッカ」だ。

スリーチアーズ
【すりーちあーず】㋺

もともと英語圏でエールを送るときに行われていた慣習だが、現在でも日本の大学ラグビーで行われているものだ。試合後にキャプテンやリーダーが「スリー・チアーズ・フォー（Three cheers for）○○大学」と言ったあと、「ヒップ、ヒップ（hip, hip）」と言いながら親指を立てて、他の選手たちも親指を立てながら「フレー（hooray）」と言う。これを3回繰り返すので「スリーチアーズ（万歳三唱）」という。エールの交換なので終われば、もう片方のチームが行う。

スマザータックル
【すまざーたっくる】㋢

ボールを持った選手の腰や下半身に低く当たるチョップタックルに対し、相手の上半身に対してパスさせないように、抱えるようにタックルして引き倒すのがスマザータックルである。オフロードパスを通させたくない、タックルしながら直接ボールに絡みたいときには有効で、セブンズでは必須のタックルだ。なお、スマザーとは「押さえ込む」という意味だ。

スローイング
【すろーいんぐ】試

ラインアウトで手でボールを投げ入れること。HOが投げる場合は多いが、基本的には誰が投げ入れてもいい。セブンズではSH（スイーパー）が投げ入れることが多い。スローイングを行う選手のことをスローワーという。

スワーブ
【すわーぶ】試

WTBやFBなどのスピードランナーが得意とするステップワークのひとつだ。行きたい方向と逆に一度ステップを切って相手を引きつけた後、その直後に進みたい方向に膨らみながら加速して、相手に触らせず抜き去っていくテクニックだ。グーススステップを上手く使う場合もあれば、タックルに来た相手をハンドオフする場合もある。

スワンダイブ
【すわんだいぶ】試

ファンが盛り上がる、派手なダイビングトライのひとつだ。もちろん、普通にインゴールにグラウンディングしてもトライと認

スローフォワード
【すろーふぉわーど】試

ラグビーのもっとも有名な反則のひとつだろう。ラグビーではボールを持った選手が常に先頭にいなければいけないため、ボールを自分よりも前に投げることは禁止されている。ただ軽微な反則のため、ゲームは相手ボールのスクラムで再開される。

められるが、相手のディフェンスが前にいない場合、ボールを片手に持ちながら、両手を広げてダイビングしながらトライする。まるで、その様子が「スワン（白鳥）」のようなので「スワンダイブ」と呼ばれている。イングランド代表WTBクリス・アシュトンが得意としていることで知られ、彼のダイビングトライは「アッシュスプラッシュ」とも呼ばれる。

世界選抜
【せかいせんばつ】⟨チ⟩

「世界選抜（WORLD XV）」は1996年から活動を初めて、世界の各国代表を集めて特別に編成されたチームである。日本では日本代表（JAPAN XV）と2015年、2017年、2018年に対戦し、3戦3勝とすべて勝っている。1890年半から活動する「バーバリアンズ（バーバーズ）」も世界選抜的なチームとして名が知られているが、グラウンドを持たない伝統的なクラブとして、イギリスで試合をするときに編成されるチームである。

世界の橋野
【せかいのはしの】⟨人⟩

橋野皓介。1987年生まれ、大阪府出身で、「世界の橋野」の異名を取る選手だ。5歳からラグビーを始め、大阪工大高（現・常翔学園）、同志社大を経てキヤノンへ。15人制ではSOやFBでプレーし、2013年からセブンズ日本代表としても活躍している。橋野を有名にしたのは2014年の香港セブンズのコアチームへの昇格大会だ。すでに勝負は決まっていたこともあり、独走した橋野が「スワンダイブ」をしてトライを決めようとしたが、まさかのインゴールノックオン。その様子はすぐさまSNSで世界中に拡散され、2015年ワールドカップ前まではFB五郎丸歩よりも有名な日本人選手だったと言えよう。2017年の香港セブンズでは「香港の借りは香港でしか返せない」と再びスワンダイブを試みて今度こそトライを挙げて、香港のファンの心をつかんだ。ベテランとなったが東京五輪出場へ闘志を燃やしている。

「接近、連続、展開」
【せっきん、れんぞく、てんかい】⟨名⟩

早稲田大学ラグビー監督を3度に渡って務めて大学日本一に導いた名将であり、1996年から1971年まで日本代表の監督も務めた大西鐵之祐の言葉で、サッカー界でも用いられるようになった。大西氏は日本代表監督時代、日本人の俊敏性と持久力を活かす戦術として「接近・展開・連続」を掲げた。接近して相手を引きつけてパスを展開するラグビーを、持久力を持って継続するというわけだ。1968年にはオールブラックス・ジュニア戦で勝利し1971年はイングランドXVとの3－6の接戦を演じたこともあり、この言葉とともに、大西監督の指導やラグビーは後生の多くの指導者、選手に影響を与えたと言えよう。

セットプレー＝セットピース
【せっとぷれー＝せっとぴーす】(試)

スクラム、ラインアウトなど自分たちの意図で選手を配置（セット）した状態から試合を開始（再開）するプレーのこと。基本的にはスクラム、ラインアウトを指す場合が多いが、広義ではキックオフも含まれる。英語ではセットピース（set－piece）と言われることも多い。セットプレーからの攻め以外は「アンストラクチャー」からのアタックとなる。

セービング
【せーびんぐ】(試)

地面に止まっているボールや転がっているボールに、体をなげうつようにしてセーブ（守る）するプレーで、いわゆる和製英語である。背中を敵陣側に向くようにスライディングして、ボールを自分に引きつけて確保する。そのままボールを持って立ってもいいし、サポートの選手がはやい場合はその選手が乗り越えたり拾い上げたりしてボールを確保する。

接点＝ブレイクダウン
【せってん＝ぶれいくだうん】(戦)

接点（＝ブレイクダウン）とは、アタック側のボールキャリアーとディフェンス側がタックルしてコンタクト（身体的接触）した状況のことで、そのタックル時のことだけでなく、その後のラック、モールまでも指す言葉である。ラックはボールが地面にあるとき相手と味方で組み合った状態（最低、相手と味方が1人ずつ必要）。モールはボールが地面についていなくて、ボールキャリアーと、さらに相手と味方が2人必要（最低3人必要）である。「ブレイクダウンが優勢だったのでボールがすぐに出てトライが生まれた」などと使う。いずれにせよ接点（主にラックを指すことが多い）で優勢に戦ったチームが勝利に近づく。

セブンズ
【せぶんず】⑩

「セブンズ」とは7人制ラグビーのこと。7対7で行い、前後半7分で行い、15人制とほぼルールは同じだ。セブンズの発祥は、1883年、スコットランド南部のメルローズで、肉屋の店員がクラブの財政難を救うために開催したことがきっかけだった。1976年に香港セブンズが始まり、現在では夏季五輪、ワールドカップ、アジア大会、世界を転戦するワールドシリーズなど多くの試合が行われている。

セブンズワールドカップ
【せぶんずわーるどかっぷ】㋰

1993年のスコットランド大会から始まり、15人制同様に4年に一度、行われている(女子は2009年大会から共催)。セブンズを考案したスコットランドのクラブに敬意を称し、優勝杯は「メルローズカップ」という。2016年のリオ五輪からセブンズが正式競技となり、オリンピックとの隔年開催となった。男子は2018年大会まで7回中3回、女子は3大会中2回、ニュージーランド代表が優勝している。

全国高校ラグビー大会＝花園
【ぜんこくこうこうらぐびーせんばつたいかい＝はなぞの】㋰

大阪・東大阪市花園ラグビー場で毎年冬に行われている、「花園」こと全国高校ラグビー大会は、高校ラグビーの3大タイトルのうちで最も歴史が古く、高校ラガーマンの憧れの的だ。各都道府県で予選を行い、勝ち上がった51校が出場(大阪は開催枠も含めて3校、東京と北海道が2校)。12月末から1月上旬にかけて10万人以上のファンが訪れる。1918年度にサッカーの全国大会と合わせて始まり、1962年度以来、花園ラグビー場で行われている。優勝旗は「飛球の旗」(P.145参照)。最多優勝は秋田工業の15回。

セブンズ王国が生んだ神様
【せぶんずおうこくがうんだかみさま】㋐

ワイサレ・セレヴィ。1968年生まれ、フィジー出身の元選手だ。特に7人制フィジー代表として活躍し、359試合もの試合でプレーした。1993、1997、2001、2005年と4度のセブンズワールドカップに出場し、1997、2005年の2度の優勝に貢献し得点王にも輝くなど「セブンズの神様」と呼ばれたた。15人制でもフィジー代表としてワールドカップに出場した。1993年から1996年まで日本の三菱自動車工業京都ラグビー部にも在籍。

全国高校ラグビー選抜大会
【ぜんこくこうこうらぐびーせんばつたいかい】㋰

「春の選抜」こと「全国高校選抜ラグビー大会」は、毎年春に埼玉・熊谷ラグビー場で行われている、高校3大タイトルのひとつ。2000年から行われており、2011年大会は東日本大震災のため中止された。各ブロック大会の上位校と実行委員推薦枠で32校が出場し、4チームが8グループに分かれ予選が行われ、上位8チームが決勝トーナメントに進出し優勝を決める。最多優勝は東福岡の5回で、次は桐蔭学園が3回だ。

1990年度の早明戦
【せんきゅうひゃくきゅうじゅうねんどのそうめいせん】⊛

平成になって2年目の1990年度は2度の早明戦があり、両エースが活躍し大いに盛り上がりを見せた。対抗戦の早明戦では早稲田大は12－24でリードされていた。だが、後半37分から早稲田大はWTB郷田正のトライと、ラストプレーでFB今泉清が80mの独走トライを挙げて24－24で引き分けに持ち込んだ。大学選手権の決勝でも再戦し、エースで主将のWTB吉田義人が逆転トライを挙げて16－13の逆転トライ。このシーズン、明治大は無敗で駆け抜け、2年ぶり8度目の大学王者に輝いた。

1991年神戸製鋼がウィリアムズの逆転トライで三洋電機に勝利
【せんきゅうひゃくきゅうじゅういちねんこうべせいこうがういりあむずのぎゃくてんとらいでさんようでんきにしょうり】⊛

神戸製鋼7連覇中の名シーンのひとつは1991年1月8日の全国社会人大会決勝のWTBイアン・ウィリアムズのトライだろう。後半40分まで神戸製鋼は12－16でリードされていた。ロスタイム、最後の攻撃で素早く展開し、CTB平尾誠二からWTBウィリアムズへ。ウィリアムズは50mほど独走トライ。ゴールも成功し、神戸製鋼が18－16で勝利して3連覇を達成した。

1991年 日本代表 W杯でジンバブエに初勝利
【せんきゅうひゃくきゅうじゅういちねんにほんだいひょうわーるどかっぷでじんばぶえにしょうり】⊛

日本代表がワールドカップで初勝利を挙げたのは1991年大会のジンバブエ戦だった。1989年から日本代表は宿澤広朗監督、平尾誠二主将で臨んでいた。予選プールでスコットランド、アイルランドに負けたが最終戦のジンバブエ戦ではSO松尾雄博、CTB朽木英次、WTB吉田義人が2トライずつなど計9トライを挙げて52－8で快勝した。

1971年 イングランドに3－6と大善戦
【せんきゅうひゃくななじゅういちねんいんぐらんどに3－6とだいぜんせん】⊛

1966年から1971年までラグビー日本代表は大西鐵之祐監督が率いており、1971年9月28日、秩父宮ラグビー場でのイングランド戦だった。9月24日の初戦は19－27と善戦した。4日後に2戦目は、日本代表が優勢に試合を進めたが、結局、山口良治のPGの

みでしか得点ができず3－6で敗戦。敗れたものの歴史に残る一戦。

1989年 スコットランドに勝利
【せんきゅうひゃくはちじゅうきゅうねんすこっとらんどにしょうり】㊐

日本代表にとって最も誇らしい勝利のひとつが1989年5月28日のスコットランド戦（相手はライオンズ遠征中のため相手はキャップ認定していない）だろう。38歳の若さで日本代表監督に就任したばかりの宿澤広朗監督は、徹底的に相手を分析して準備した。前半はWTB吉田義人、CTB朽木英次らのトライで20－6とリードし、後半もWTBノフォムリ・タウモエフォラウらのトライなどで追加点を挙げて28－24で勝利した。

月間で11試合を行った。そして6月3日、オールブラックスの2軍にあたるオールブラックス・ジュニアと戦い、エースのWTB坂田好弘が4トライを挙げるなど気を吐いて23－19で勝利した。

戦術
【せんじゅつ】㊅

戦術（tactics）とは、ボールをどう動かすかの共通理解で、「アタック・シェイプ」や「ポッド」があり、チームによっては「ストラクチャー」ともいう。組織ディフェンスもシャローディフェンスだったり、ドリフトディフェンスなどがある。

戦術的入替
【せんじゅつてきいれかえ】㊉

現在のラグビーでは先発15人、控え8人（高校15人）だ。試合の流れやエナジーを与えるために、選手を交替させることを「戦術的入替」という。昔は交替が認められていなかったが、ケガ人が出たときの交代は1960年代から可能に。戦術的入替は1996年からできるようになった。戦術的入替はヘッドコーチや監督の腕の見せどころだ。

1968年 オールブラックス・ジュニアに勝利
【せんきゅうひゃくろくじゅうはちねん おーるぶらっくす・じゅにあにしょうり】㊐

おそらく日本代表が最初に世界のラグビーシーンを驚かせた試合だろう。1966年に、日本代表の監督に大西鐵之祐氏が就任すると、1968年にニュージーランドに遠征し、1か

センタースクラム
【せんたーすくらむ】㊁

キックオフのボールがハーフウェイラインから10m届かなかったり、直接タッチに出てしまったりした場合はハーフウェイラインからの中央からのスクラムになる。相手が中央でノックオン、スローフォワードした場合も同様だ。真ん中でスクラムが組まれると左右両方にBKラインが並ぶため、アタック側のチャンスになりやすい。

先発＝スターター
【せんぱつ＝すたーたー】㊇

先発（＝スターター）は、試合の最初に出場する15人のことである。ラグビーは個々の選手の固定番号制でないので、1～15はポジションの番号をつけることになる。やはり選手はまず23人のメンバー入りを目指し、その後は1～15番をつけて最初から試合に出たくなるものだ。

戦略
【せんりゃく】㊀

戦略とは英語で言えばストラテジー（strategy）であり、勝つためにどう試合を運ぶか、相手の弱みを突くためにどう戦うか、セットプレー中心に戦うか、エリアを取っていくかなどの総合的な考え（ゲームプラン）で、試合に勝つために一番大事なことだ。あくまでも戦術（tactics）は戦略をどう遂行するかの手段のひとつだ。

早慶戦＝慶早戦
【そうけいせん＝けいそうせん】㊉

早慶戦は早稲田対慶應の関東大学対抗戦の伝統の一戦で、「慶早戦」とも。1922年、創部して間もない早稲田大が慶應義塾大に試合を申し込んで始まった。一番晴れる日にということで、選ばれたのが11月23日だった。2018年度までの対戦で早稲田大が68勝7分20敗とリードしており、大学選手権などの対戦は早稲田大の8勝1分2敗。

早明戦＝明早戦
【そうめいせん＝めいそうせん】㊉

早稲田対明治の関東大学対抗戦の伝統の一戦で「明早戦」とも呼ばれる。1923年から始まり、1973年から2013年までは国立競技場で行われ、満員になっていた。2018年度までの対戦成績は早稲田大が54勝2分38敗でリード。ただ大学選手権での対戦は明治大が8勝5敗と上回っている。

\ 仕事もラグビーもがんばります！ /

ラガーマンインタビュー❶

梶村祐介 選手

サントリーサンゴリアス

サントリーサンゴリアスでも1年目からレギュラーとして大活躍したCTB梶村祐介選手。6月、2019年のワールドカップを目指す日本代表スコッドのひとりにも選ばれた。トップリーグのおよそ7割の選手は社業も行うサラリーマン選手で、梶村選手もそのひとり。日本を担う若手のホープに、ラグビーと社業の両立の難しさや楽しさを聞いてみた！

——どうしてサントリーを選んだのですか？

大学卒業後は、プロ選手になるのではなく、働きながらラグビーをしたい、日本一になりたいという気持ちもあったのでサントリーを選びました。僕のときのサントリーの採用担当がキヨさん（梶村選手が明治大4年時に薫陶も受けた、サントリーのOBでもある田中澄憲氏）で、自社愛に溢れていて「すごくいいな！」と思いました。またサントリーは上下関係もほとんどないですし、施設もよくて、チームが提供してくれるご飯がすごく美味しいですね！

——1年間、ラグビーと社業を両立してみていかがでしたか？

サントリーは社員選手が多く、ラグビーと仕事の両方がプライドになっています。シーズン中は練習時間に合わせて会社に行って、オフのときは仕事の合間にトレー

ニングをしにクラブハウスに行ったりしています。1年間、経験したのですが、ラグビーから仕事へのマインドを切り替えるのに慣れるまで時間がかかりました。また土日に試合があって、月曜日に仕事に行くときは少し体がきついですね。地方に行ったときは、お土産を買ってきて「頑張ってきました！」と同僚や上司に伝えるようにしています。

——仕事とラグビーを両立する楽しさは？

社員選手だからこそできるつながりもあり、応援してくれる人が増えましたし、サントリーは会社全体が応援してくれています。スーパーや販売店に対して酒類の営業をしているのですが、「体大きいね、何やっていたの？」と僕を通じてラグビーを知ってくれる人もいるので、会社の時間を通じてラグビーの普及ができるのも嬉しい。またついついラグビーのことを考え過ぎる癖があるので、良い意味でラグビーから離れられることはプラスになっています。

——お手本になっている先輩は？

やはり、同じ階で働いている LO 真壁（伸弥）さん。どれだけ練習がきつかったとしても、会社に行っています。休日にも得意先に行ったり、会社のために働けたりできるのはすごいと思います。

——今後はプロ選手になりたいと思っているのですか？

それは自分次第かと思っています。日本のラグビーの良さのひとつは、企業がラグビーチームを持っていることですし、ラグビーを引退してもすぐに働けるセカンドキャリアにもなっています。ラグビースタイルは変わっていかないといけないですが、社員選手が多くプレーしているのがサントリーの良さであり、強さの要因のひとつになっているので、ぶれないでやっていってほしいと思います。

——2019年ワールドカップに向けた日本代表スコッド42名に入りました。

ここまで残れるとは思っていなかったので驚きました！　サントリーでは12番でしたが、日本代表で13番をやって良かったです。2023年ワールドカップには出たいと思っていましたが、ここまで来たら最終の31名に残って頑張りたいですね。

梶村祐介
かじむら・ゆうすけ

1995年9月13日生まれ、兵庫県伊丹市出身。身長180cm、体重93kg。5歳からラグビーを始めて、報徳学園時代は2年、3年時に花園出場。高校3年時、U19日本代表として頭角を現し、日本代表のエディー・ジョーンズHC（当時）に練習生として合宿に呼ばれて脚光を浴びた。明治大でも突破力のあるCTBとして活躍し、4年時は副将としてチームの大学選手権優勝に貢献。大学卒業後、サントリーサンゴリアスに入り、ルーキーイヤーから大活躍。2018年秋には日本代表にも選ばれ、11月のロシア代表戦で初キャップを獲得した。今後の日本を担うBKのひとり。愛称は「カジ」。代表キャップ1。

た

タイガー軍団、タイガージャージー
【たいがーぐんだん、たいがーじゃーじー】他
ルーツ校・慶應義塾の黒黄のジャージーは「タイガージャージー」とも呼ばれており、それを着た選手ということで、慶應義塾は「タイガー軍団」とも呼ばれる。

大学選手権
【だいがくせんしゅけん】大
毎年11月から1月にかけて行われている大学王者を決める大会だ。正式には全国大学選手権。単に「選手権」とも。かつては大学選手権の王者が社会人王者と日本選手権を戦っていたが、2017年度の日本選手権から大学枠は撤廃された。1964年度に東西2校ずつで第1回が行われ、リーグ戦が行われる時期もあったが、2016年度からは14チームによる変則的なトーナメントで行われている。主な出場校は関東大学対抗戦上位3校、関東大学リーグ戦1部上位3校、関西大学リーグ戦Aリーグ上位3校、前年度決勝進出所属リーグ2校。2017年度まで帝京大が9連覇を果たした。最多優勝は早稲田大の15回。

大東文化
【だいとうぶんか】学
関東大学リーグ1部に所属する強豪のひとつ。ジャージーの色から「モスグリーン軍団」とも。1981年、31歳の若さで鏡保幸氏(現・特別顧問)が監督に就任し強化を進め、No.8シナリ・ラトゥらの「トンガ旋風」で1986年度の大学選手権で創部25年目にして初優勝。1988年度(明治大との両校優勝)、1996年度と合わせて3度の大学日本一に輝いている。関東リーグ戦では2018年度現在、8回の優勝を誇る。2018年まで青柳勝彦氏が6年間監督を務め、2019年度から日下唯志氏が監督に就任した。練習場は埼玉県東松山市にある。愛称は「ダイトー(大東)」。

ダイビングパス
【だいびんぐぱす】試
ボールが地面にあり、時間がないときSHが地面に飛び込むように、胸を打ちながらもそのままパスをする方法。倒れてしまうと次のプレーに遅れてしまうため、緊急の時のみ行うパスである。

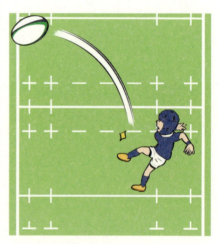

ダイレクトタッチ
【だいれくとたっち】試
自陣22mラインの外側からキックした時、ノーバウンドでタッチを割った場合、キックした地点のタッチラインから相手のラインアウトで再開。また自陣22m内側からでも、自らボールを持ち込んで蹴ったときは同様。

ダウンボール
【だうんぼーる】(試)

タックルを受けた後にしっかりと体をコントロールしてボールを地面に置く基本プレーだ。速く言うと「段ボール」になるため、通常そう呼ばれている。ボールをしっかり地面に置くことで、フォローした味方がボールをまたぐことでキープすることができ、SHなどの味方が容易にボールをさばくことができる。

倒れ込み
【たおれこみ】(試)

「オーバーザトップ」とも呼ばれる反則が「倒れ込み」だ。ラグビーは両足を地面についたままプレーしなければならないため、「自立せずに倒れ込んで、相手がボールを奪うのを邪魔するようなプレー」は反則だ。膝をついたり、両手や肘をついたりしてプレーした場合も同様。よく、相手にジャッカルされないようにオーバーにいくときに、勢い余って手をついたままプレーしてしまい、レフリーに取られてしまう反則だ。

高橋克典
【たかはしかつのり】(人)

俳優、歌手。1964年生まれ。俳優として「サラリーマン金太郎」「特命係長 只野仁」などの多くの主演ヒット作を持つ。青山学院小、中、高でラグビーをプレーした。2003年にはワールドカップ放送のキャスター、ドラマ「不惑のスクラム」主演、書籍の出版などラグビー関連の仕事も多い。

DAZN
【だぞーん】(他)

「DAZN(ダゾーン)」は世界9カ国以上で展開している、スポーツのライブ中継や見逃し配信、ハイライト、特集番組などが楽しめるインターネット動画サービス。本社はイギリスで、日本では2016年から配信開始。プロ野球や明治安田生命Jリーグをはじめ、ラグビーもイングランドプレミアシップやチャンピオンズカップなどを配信している。

舘ひろし
【たちひろし】(人)

俳優、歌手。1950年生まれ。ロックバンドでデビューし、その後、俳優に。「西部警察」や「あぶない刑事」などに出演。愛知県立千種高時代はラグビー部の主将を務め、2019年ワールドカップではPRキャプテンに任命、Twitterなどでラグビーの魅力を発信している。

タックル
【たっくる】試

ラグビーでボールを持っている選手に対して、ディフェンス側が止める唯一の方法だ。ラグビーではまず1対1のタックルで相手を止めることが、チームで信頼を得る近道となる。もちろん、ボールを持っていない選手や相手の首より上にタックルすると反則。タックルするときはしっかり相手をバインド（つかむこと）しないといけない。

タックルバッグ
【たっくるばっぐ】道

円柱状のクッションが入ったもので、タックル練習の時に人の替わりに用いる。人が手で持ってタックルを受けるハンドダミーもある。大きな試合の前には対戦相手のジャージーを着せて練習するときも。

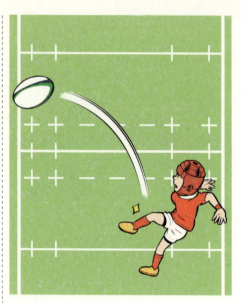

タッチ（＝タッチを割る）
【たっち（＝たっちをわる）】試

ラグビーの両サイドのラインをタッチラインと呼び、それをボールが超えることを「タッチを割る」という。基本、タッチを割った場合は相手ボールになるが、反則後のペナルティキックは、タッチを割った後もマイボールラインアウトで再開となる。

タッチキック
【たっちきっく】試

タッチラインを割り、陣地（エリア）を得る、回復するキックのことをタッチキックという。相手が自陣22mラインの中に持ち込んだボールを、自陣22m内側から蹴った場合（インサイドとレフリーがコール）は、タッチを割った場所から相手ボールのラインアウトに。自陣22mより外側の場合、ボールをワンバウンド以上させてタッチを割った場合は、その場所から相手ボールのラインアウトに。ただし、自陣22mより外側から、ワンバウンドさせないで蹴る（ダイレクトタッチと呼ぶ。P110参照）と、キックを蹴った地点のタッチラインから相手のラインアウトとなり、ピンチとなる。

タップ（パス）
【たっぷ（ぱす）】戦

ボールをはたいて、ボールをつなぐパス。相手ディフェンダーが前に出てきて時間がないときに選択する。ラインアウトやハイパントのボールを空中ではたくプレーも「タップ」という。

タップキック
【たっぷきっく】戦

P.65のクイックタップ参照。「ちょん蹴り」とも呼ぶ。

立川理道
【たてかわはるみち】㊙

1989年、奈良生まれの「天理ラグビー」の申し子だ。日本代表SO/CTBで代表キャップは55を誇る。4歳で競技を始め、その後は大学まで天理一筋。天理高校で花園に出場し、U20日本代表にも選出。天理大では4回生の時、主将として初の全国大学選手権準優勝に導き、クボタスピアーズに入るとすぐに日本代表入り。2015年ワールドカップにも出場し出色の出来を見せた。2014年にブランビーズに留学、2016年からはサンウルブズでもプレー。ジェイミー・ジョセフ体制となり共同主将も務めた。愛称は「ハル」。

田中澄憲
【たなかきよのり】㊙

1975年、兵庫県生まれ。元日本代表SHで指導者。報徳学園から明治大に進学し3年時に大学選手権で優勝し、4年時は主将も務めた。卒業後はサントリーでプレーし、7人制日本代表や15人制日本代表（3キャップ）にも選出。2010年度で現役を引退し、サントリーのチームスタッフとしても手腕を発揮した。2017年度に明治大のヘッドコーチとなり、2018年度から監督に就任。2年間で、紫紺軍団を見事に復活させ22年ぶり13度目の大学選手権優勝に導いた。

田中史朗
【たなかふみあき】㊙

1985年生まれ、京都出身。日本人で初めてスーパーラグビーでプレーした選手で、代表キャップも60を超える日本を代表するSHだ。小学4年で競技を始め、伏見工では花園ベスト4。ニュージーランド留学やU19日本代表を経て成長し、京都産業大では全国大学選手権ベスト4に貢献。2007年に三洋電機（現パナソニック）入りし、1年目から活躍。2008年から代表でも中軸となり、2011年、2015年ワールドカップにも出場。2013年にハイランダーズ入りし、2015年には優勝も経験した。2018年からはサンウルブズでもプレーする。強気なアタックだけでなく、近場でのタックルでも体を張る。愛称は「フミ」「ジャック」。

谷口廣明
【たにぐちひろあき】㊙

スポーツアナウンサー。1972年生まれ、大阪府出身。大学卒業後、会社員生活を経てMCやDJなどを務めた後、スポーツアナウンサーに転身し、ラグビーだけでなく自転車、野球など幅広いスポーツの実況として活躍中だ。スポーツゾーン所属。

ダブルライン＝バックドア
【だぶるらいん＝ばっくどあ】㊢

ポッドやシェイプといった戦術において、重層的にアタックラインを引くこと。主に浅く立っているFWのラインをおとりにし、FWラインに被るように後ろに立っているBKのラインにボールを展開して効果的なアタックを仕掛ける。前に立つFWのラインを「フロントドア」、後ろBKのラインを「バックドア」という。

田村優
【たむらゆう】 (人)

1989年、愛知県出身のラグビー選手。スペース感覚とスキルに優れた司令塔で、パス、ラン、キックで自在にボールを運ぶSOだ。中学時代、サッカーをしていたこともありプレースキックも正確。國學院大学栃木高で競技を始め、明治大でも1年から活躍。NECでも1年目から中軸としてプレーし2017年からキヤノンへ移籍。2012年に代表初キャップを獲得、2015年ワールドカップにも出場した。2016年以降は日本代表やサンウルブズでも10番を背負い続けている。弟・煕（ひかる。サントリー）もSO。代表キャップ54。

ダン・カーター
【だん・かーたー】 (人)

1982年生まれのニュージーランド出身の選手。2011年、2015年のラグビーワールドカップでオールブラックス2連覇に貢献した世界的SOだ。クルセイダーズでプレーし3度の優勝を経験した。2015年から18年までフランスのラシン92に移籍し、リーグ戦優勝に寄与する。2018年より神戸製鋼に入団、チーム2度目のトップリーグ優勝に貢献し年間最優秀賞を受賞。ワールドラグビー年間最優秀選手賞3回。テストマッチ歴代最多得点(1598点)記録、スーパーラグビー通算得点記録(1708点)を保持。イケメン選手としても世界的に有名。愛称は「DC」。代表キャップ112を誇る。

チャージ（ダウン）
【ちゃーじ（だうん）】 (試)

相手がキックしたボールを手で、バレーボールのブロックのように弾くプレーだ。このときのみノックオンは適用されず、もしチャージが成功したら、そのままインプレーとなる。ゴール前で相手のキックをチャージし、そのままトライというビッグプレーもあり、流れが一気に傾く可能性も。

チャンネル
【ちゃんねる】(戦)
攻撃をする場所を便宜的に「チャンネル」と呼ぶ。チームによっては様々だが、ラックやモールなどポイントを基準に、ポイント周辺を0やX、SO周辺を1、CTB周辺を2、WTBが立つ両サイドを3と呼んだりする。

(ヨーロピアン)チャンピオンズカップ
【(よーろぴあん)ちゃんぴおんずかっぷ】(大)
欧州のクラブ王者を決める大会だ。スポンサー名の「ハイネケンカップ」としても有名。フランスの「トップ14」、イングランドのプレミアシップ、スコットランド、アイルランド、ウェールズ、イタリアなどのクラブが参加する「プロ14」の3リーグから20チームが参加。リーグ戦の上位クラブが決勝トーナメントに進出し優勝を決定する。

チョークタックル
【ちょーくたっくる】(試)
上半身を抱え込むようにタックルして、相手のボールに絡むタックルだ。チョーク(choke)とは「息を詰まらせる、ふさぐ」という意味で、実際に首にタックルするのは反則だが、相手の動きを止めることを狙う。一人が相手を止めて隙があればボールを奪ってもいいし、味方が寄って来てモールの停滞(モールアンプレアブル)を狙ってもいい(マイボールのスクラムで再開される)。

チョップタックル
【ちょっぷたっくる】(試)
基本的なタックルだ。チョップ(chop)とは「斧などで叩き切る」という意味の通り、相手の腰から下に入る低く入って相手を倒す。周りに味方がいれば、すぐにジャッカルできる。

ちょん蹴り=タップキック
【ちょんげり=たっぷきっく】(戦)
タップキックと同義。ペナルティ後、ボールを軽く蹴って試合を再開させる。

筑波
【つくば】学

国立大のラグビー部ながら関東大学ラグビー対抗戦Aグループで戦い続けている名門のひとつ。2011年度、初めて大学選手権でベスト4に入り、2012年度は対抗戦で初優勝（帝京大、明治大と同率）。2012年度、14年度の大学選手権で準優勝を果たした。1924年に東京高等師範学校のラグビー部として創設。ジャージーの色は「ツクバブルー」と呼ばれるスカイブルー。かつて日本代表の分析スタッフとして活躍した古川拓生監督（准教授）が2005年から監督を務めていたが、2019年度から嶋﨑達也コーチが監督に昇格した。現在のラグビー日本代表では、大学生から桜のジャージーを着ているWTB福岡堅樹が活躍している。

土田雅人
【つちだまさと】人

1962年生まれ、秋田県出身の元選手であり指導者。秋田工でラグビーを始め、高校3年で日本高校代表に選出され、同志社大に進学、No.8として活躍し、平尾誠二らとともに大学選手権3連覇に貢献。サントリーでプレーした後、1995年から監督となり1年目で優勝、日本代表コーチとして1999年ワールドカップにも帯同した。2000年、再びサントリーの監督に就任し、史上初となる日本選手権2連覇、2001年にはサントリー単体としてウェールズ代表撃破にも導いた。コーチングだけでなく、サントリーの役員や系列会社の社長などを歴任するなどビジネスでも手腕を発揮している。日本ラグビー協会の理事も務める。

兵、走る
【つわもの、はしる】文

日本のロックグループB'zの楽曲。ラグビー日本代表の応援ソングとして書き下ろし、2018年11月1日、ラグビー日本代表のスポ

ンサーである大正製薬のリポビタンDのCMとして発表、JSPORTSのラグビー放送にも起用されている力強い楽曲。

TMO テレビジョンマッチオフィシャル
【てぃーえむおー　てれびじょんまっちおふぃしゃる】試

サッカーやテニスでも行われているビデオ判定だ。2001年から導入が始まり、ワールドカップ、シックス・ネーションズなどの大きな大会やスーパーラグビー、トップリーグなどではすでに導入済み。レフリーがはっきりと判定を確認できなかった場合は、手でテレビの形を出して「テレビジョンマッチオフィシャル（TMO）」となる。主にトライにつながるプレーやゴールキックが成功したかどうかといった得点に絡むシーン、トライを妨げる反則が起きたかもしれない場面、そして不正があったかどうかといった時などに使用される。サッカーでは同様のシステムをVARと呼ぶが、海外ではサッカーファンにもTMOと呼ばれる。

帝京
【ていきょう】学

1970年に創部され、1978年から関東大学ラグビー対抗戦に所属している強豪大学のひとつだ。1983年度に大学選手権に初出場し、ジャージーの色から「赤い旋風」と称された。1996年度に岩出雅之監督が就任し、フィジカルやスキルを鍛えて、2008年に対抗戦で初優勝。そして2009年度には創部40年目にして大学選手権で初優勝を果たす。その後はFWだけでなく、FWとBK一体となったラグビーに進化し2017年度まで9連覇を達成した。2018年度まで対抗戦は9度の優勝、大学選手権は26回出場し9度の優勝を誇る。練習場はキャンパスから近い日野市にある。現在のラグビー日本代表に、HO堀江翔太、FL姫野和樹、SH流大など多くの選手を輩出している。

帝京の9連覇
【ていきょうのきゅうれんぱ】事

帝京大は2009年度に東海大を下し大学選手権で初優勝すると、2010年度は早稲田大を倒して連覇を達成。2011年度は天理大に勝利して3連覇、2012年度は筑波大に勝利して史上初の4連覇を達成した。2013年度は早稲田大、2014年度は筑波大、2015年度は東海大を下して7連覇成る。2016年度も東海大を倒して8連覇、2017年度は明治大を退けて9連覇を達成した。しかし2018年度の準決勝で、天理大に7－29で敗れてV10は成らず、大学選手権の連勝は38で止まった。だが、名将・岩出雅之監督も健在であり、有望な若手選手も多くおり、再び大学王者になる日も近いはずだ。

ディフェンス
【でぃふぇんす】試

日本語にすれば「守備」の意で、アタック（攻撃）に対する言葉だ。相手がボールを保持し、自分たちがボールを持っていない時間帯のこと。1対1のタックルだけでなく、チームで組織でどう守ったり、どうボールを奪い返そう、などといった約束事がある。

ディフェンスライン
【でぃふぇんすらいん】試

試合中、目に見えないラインのひとつ。アタックラインの反対の言葉で、守っているときにチーム、組織として複数の選手がラインのように立っている状態。一斉に前に出たり、少し前に出てから流れたりする。

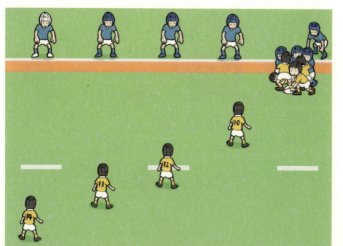

デービッド・キャンピージ
【でーびっと・きゃんぴーじ】㊗

オーストラリアの元ラグビー選手。1962年生まれ。ポジションはウィング、フルバック。1980年代、90年代にワラビーズとして活躍、101キャップを数える。グーススステップの名手として有名だった。2006年に元日本代表の大畑大介に抜かれるまではテストマッチのトライ記録を保持していた。引退後は指導者としてシンガポール代表や、トンガの7人制代表を指導した。現在はコメンテーターなどでも活動している。

テストマッチ
【てすとまっち】㊩

ラグビーでは国や地域の代表チーム（ラグビーは協会の代表チームとして編成される）同士の真剣勝負を「テストマッチ」と呼んでいる。テストマッチに出場すると、出場した試合数を意味する「キャップ」を取得できる。世界で最初のテストマッチは1871年のイングランド代表対スコットランド代表とされている。

デブはPR、身長が高ければLO、小さければSH、サッカーやっていたらキッカー
【でぶはぷろっぷ、しんちょうがたかければろっく、ちいさければすくらむはーふ、さっかーやっていたらきっかー】㋐

かつては高校からラグビーを始める選手も多かった。ラグビーをあまり知らなかったため、監督や先輩に体型を見たり、身長順に並べられたりしてポジションを勝手に決められた人も多かったはず。太っていたらPR、身長が高かったらLO、身長が一番小さければSH、サッカーをやっていたらSOでキッカー、陸上をやっていたらWTBといった具合だ。

テクニック
【てくにっく】㊋

パス、ステップ、キック、タックルなどの技そのもののことを指す言葉だ。スキルと広い意味で同義語であるが、スキルは判断を伴ったテクニックとして使われることが多い。

デフラグビー
【でふらぐびー】他

聴覚に障害を持つ人たち（デフ＝Deaf）がプレーしているラグビーのことを「デフラグビー」と呼ぶ。笛の代わりにレフリーは赤い旗で反則があったことを伝える。日本代表の愛称は「クワイエット・ジャパン」である。2018年には7人制ラグビーの世界大会でベスト4に進出した。

テリトリー
【てりとりー】戦

地域のこと。陣取り合戦の部分もあるラグビーにおいて、テリトリー（領域、陣地）を取っていくことは戦略的に大きな意味を持つ。敵陣に近ければ得点のチャンスが増え、自陣にいれば相手に得点されてしまうリスクが増える。テリトリーはエリアとほぼ同義語で、エリアマネジメントとはテリトリーを効率良く取っていくことを意味する。

10（テン）シェイプ
【てんしぇいぷ】戦

アタック・シェイプ、ポッドといった戦術ではSOの横に何人かの選手が立ち、SOを起点とした陣形とその攻撃そのものを「10（テン）シェイプ」と呼ぶ。略して「Off 10（オフテン）」とも。

天皇崩御により花園両校優勝
【てんのうほうぎょによりはなぞのりょうこうゆうしょう】事

「花園」こと全国高校ラグビー大会の決勝は同点の場合は両校優勝となる。ただし、1988年度の決勝戦は、大阪工大高（現・常翔学園）と茗溪学園（茨城）の対戦となったが、決勝当日（1989年1月7日）の朝、昭和天皇崩御により、試合を行わず両校優勝となった。大阪工大高は3度目、茗溪学園は初優勝だった。試合開始時刻に表彰式のみが行われた。2015年4月26日、当時の両校選手が集い、花園ラグビー場で「幻の決勝戦」が再現され、大阪工大高OBが勝利した。

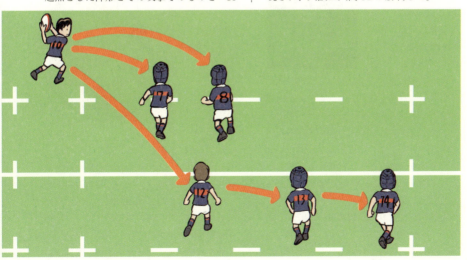

天理
【てんり】学

関西の強豪大のひとつ。天理大は「天大」とも呼ばれ、1925年に創部、当時から全身黒だった。1963年から関西Aリーグに所属し、1973年度から3連覇を達成。1992年度にはCリーグまで転落したが、1993年から小松節夫氏が指導し1995年から監督に就任、2001年度にAリーグに復帰し、2010年度に35年ぶりに優勝。2018年度まで計10回の優勝を誇る。大学選手権では2011年度、2018年度準優勝。なお天理高校は「天高」と呼ばれ、大学の総黒に対して純白、花園優勝6回、選抜優勝1回の名門だ。

桐蔭学園
【とういんがくえん】学

近年、関東の高校ラグビーを引っ張る強豪のひとつ。2018年度まで過去10年間で花園ベスト4以上7回の強豪だ。1964年に創部。1993年度から花園連覇を果たした強豪の相模工大と入れ替わるように、1996年に花園初出場した。藤原秀之監督は1990年にコーチとなり、2001年から監督に就任し、チームを支える。2010年度には花園初優勝(東福岡と両校優勝)を果たし、選抜では2017年度から3連覇を達成した。

東海
【とうかい】学

1963年に創部。1973年から関東大学リーグ戦に所属し、1998年度に2部に降格し、1999年度に1部昇格。その後、降昇格を繰り返したものの、1998年より指導する木村季由監督の下、強化が進み2002年に初めて大学選手権に出場。2007年にリーグ戦で初優勝すると2010年度まで4連覇を達成し、2018年度まで8回の優勝を誇る。大学選手権では2009年度、2015年度、2016年度と決勝に進出したが、いずれも帝京大に敗れた。練習場は東海大の湘南キャンパス内にある。リーチ マイケルら多くの日本代表選手も輩出している。

東海大大阪仰星
【とうかいだいおおさかぎょうせい】学

東海大系列の高校で、1983年に大阪枚方市に創設され、2018年度から東海大仰星から東海大大阪仰星という名になった強豪校。ラグビー部は1984年に土井崇司監督が就任し、1992年度に花園初出場、1999年度、2006年度には花園で優勝した。2013年度から初優勝時の主将・湯浅大智がコーチから監督に就任し、2013年度、2015年度、2017年度に花園で優勝。選抜も2回優勝しており、2015年度に高校「3冠」も達成した。

闘球
【とうきゅう】他

「闘球」はラグビーを意味する漢字であり、「闘球部」はラグビー部のことを指す。

同志社
【どうししゃ】学

1911年創部の日本で3番目の歴史を持つラグビー部だ。紺とグレーの「紺グレ」のジャージーで知られる関西の雄。同大とも呼ばれ、1961年の東西対抗優勝1回、大学選手権優勝4回を誇る名門。1961年度のNHK招待、1963年度の日本選手権でも優勝。ま

た関西大学Aリーグでは1930年から2015年度まで48回の優勝を誇る。1959年に29歳の若さで岡仁詩氏が監督に就任し、1982年度から大学選手権3連覇を達成したことで知られる。

同志社の3連覇
【どうししゃのさんれんぱ】事

同志社大は1980年度に大学選手権に初優勝すると、1982年度から史上初めて大学選手権3連覇を達成する金字塔を打ち立てた。CTB平尾誠二を筆頭に、LO大八木淳史、No.8土田雅人、WTB東田哲也ら後に日本を背負うスター選手が揃っていた。ただ、日本選手権ではいずれも新日鐵釜石に敗れている。

東芝
【とうしば】チ

1948年に創部されたチームで、かつては練習所の地名から東芝府中と呼ばれていた。2003年度のトップリーグ元年からは、勇敢を意味する「ブレイブ(brave)」とギリシャ語で狼座を意味する「ルーパス(lupus)」の造語ブレイブルーパスがチーム名に入り、「東芝府中ラグビー部ブレイブルーパス」となる。2006年には、「東芝ラグビー部ブレイブルーパス」へと名称変更。全国社会人大会では3度、トップリーグは最多の5度、日本選手権6回、マイクロソフトカップ2度の優勝を誇る社会人ラグビーの名門のひとつ。1996年度から日本選手権3連覇を達成し一時代を築き、2004年度からトップリーグでも3連覇を達成。ただ2009年度の優勝

を最後にタイトルから遠ざかっている。ほとんどの選手は府中に住まいを構え、チームメイトは家族以上の存在、地域との繋がりも強い。力強さと激しさで前進し続けるラグビーを伝統としている。

得点王
【とくてんおう】他

リーグや大会で、もっとも得点を挙げた選手のこと。トライ、ゴールの合計のため、基本的には得点王にはキッカーがなることがほとんどだ。SO、WTB、FBなどトライも挙げつつプレースキックも任されている選手が上位になる傾向にある。

トップチャレンジ
【とっぷちゃれんじ】他

正式名称を「ジャパンラグビートップチャレンジリーグ」という。2017年度から始まった。それまではトップリーグの下部リーグは各地域協会主催のトップイーストリーグ、トップウェスト、トップキュウシュウの3つのリーグがあった。だが、さらなる日本ラグビーの発展を鑑みて、3地域の上位8チームが参加するトップリーグ2部にあたるトップチャレンジが創設された。まず8チームで総当たり戦を行い、上位4チームと下位4チームに分ける。そして、また総当たり戦を行い、優勝チームはトップリーグに自動昇格し、2位〜4位は入れ替え戦にまわる。最下位は自動降格し、7位は入れ替え戦に回る。

トップ14
【とっぷふぉーてぃーん】㊙

フランスの一部に相当するプロリーグ。発足が1892年とクラブリーグとしては長い歴史を持つ。その名の通り、14クラブによってホーム＆アウェイのリーグ戦が行われ、上位6チームがトーナメントに進出して、優勝が争われる。元日本代表のFB五郎丸歩が2016-17シーズンにトゥーロンでプレーしたことが記憶に新しい。過去には吉田義人や大畑大介、齊藤祐也など、日本の選手も多く挑戦している。

トップリーグ
【とっぷりーぐ】㊙

2003年度から始まった社会人の全国リーグが「ジャパンラグビートップリーグ」こと「トップリーグ」だ。それ以前は東日本、関西、九州の3地域でリーグ戦が行われ、その上位により全国社会人大会が行われていたが、トップリーグに統合された。当初は12チームだったが、2006年度から14チームに、2013年度から16チームに増加。純粋なプロリーグではないため、ホーム＆アウェイでの対戦ではない。リーグ戦の後、順位決定戦（プレーオフ）で優勝が決まる。2017年度からトップリーグのプレーオフの準決勝、決勝が日本選手権も兼ねるようになった。2018年度まで東芝が最多の優勝5回、サントリーとパナソニックが4回、神戸製鋼が2回。

トップリーグカップ（マイクロソフトカップ）
【とっぷりーぐかっぷ（まいくろそふとかっぷ）】㊙

トップリーグのリーグ戦ではなく、カップ戦のこと。2003年度から3年間、リーグ戦後に上位8チームによる「マイクロソフトカップ」が行われていた（当時のリーグ戦プレーオフがなかった。また日本選手権も開催されていたため3つの王者が誕生していた）。その後、しばらくカップ戦は行われていなかったが、2018年度は11月と1月に16チームが争う形で行われ、トヨタ自動車が優勝した。2019年もワールドカップ前の6月から8月にトップチャレンジの8チームも合わせて24チームによりカップ戦が行われる。

トニー・ブラウン
【とにー・ぶらうん】㊙

1975年、ニュージーランド生まれの元ラグビー選手、現・指導者。オタゴやハイランダーズでプレーしたSOで1999年にニュージーランド代表としてワールドカップに出場。2004年、日本の三洋電機（現パナソニック）に加入、プレイングコーチも含め2011年まで在籍し、タイトル獲得に貢献。引退後は出身のオタゴやハイランダーズの指揮官を経て2017年からは日本代表のアタックコーチ、2019年はサンウルブズのヘッドコーチも務めた。戦術家として定評のある指導者だ。代表キャップ18。

トップリーグチーム一覧 (2019 - 2020 参加チーム)

チーム名	創部年	愛称	マスコット・キャラクター	特徴
神戸製鋼コベルコスティーラーズ	1928年	コベルコスティーラーズ	コーロクン	18年に2度目の優勝。関西の雄。
サントリーサンゴリアス	1980年	サンゴリアス	サンゴリアス君 サンゴリーナちゃん	優勝5回。攻撃ラグビーを信条とする。
ヤマハ発動機ジュビロ	1982年	ジュビロ	ジュビロくん ジュビィちゃん	18年度まで清宮監督が指導。スクラムに強み。
トヨタ自動車ヴェルブリッツ	1941年	ヴェルブリッツ	ライガーくん	古豪。フィジカルラグビーが信条。
NTTコミュニケーションズシャイニングアークス	1976年	シャイニングアークス	ジョリー	10年からTLに。新浦安に立派な練習場。
パナソニックワイルドナイツ	1960年	ワイルドナイツ	—	堅守速攻が持ち味。優勝4回。
クボタスピアーズ	1978年	スピアーズ	スッピー	中堅チーム。セットプレーに強みがある。
リコーブラックラムズ	1953年	ブラックラムズ	ラムまる	古豪のひとつ。近年、著しく強化が進む。
Honda HEAT	1961年	HEAT	HEATくん	降昇格を繰り返す。TLで戦い続けたい。
NECグリーンロケッツ	1985年	グリーンロケッツ	マルス	DF、スクラムに定評があり一発勝負に強い。
東芝ブレイブルーパス	1948年	ブレイブルーパス	ルーパス君	接点、FWに強み。5度優勝。
キヤノンイーグルス	1980年	イーグルス	イーグル君 カノンちゃん	12年度からTLに。上位進出を目指す！
宗像サニックスブルース	1994年	ブルース	カイト	19年度、唯一の九州のチーム。走り勝つ。
日野レッドドルフィンズ	1950年	レッドドルフィンズ	—	18年度からTLに。地域密着を掲げる。
NTTドコモレッドハリケーンズ	1993年	レッドハリケーンズ	レッドハリー	降昇格を繰り返す。TLに残留し続けたい。
三菱重工相模原ダイナボアーズ	1971年	ダイナボアーズ	ダイボ君	19年度に2度目のTL。大暴れしたい。

※2019年5月現在

ドミネントタックル
【どみねんとたっくる】試

ドミネント（dominant）とは「支配的、優勢な」という意味の英語で、ドミネントタックルとはボールを持った選手を敵陣の方向に仰向けに倒して、ボディーコントロールができないような激しいタックルを指す。このタックルが決まれば、そのままジャッカルすることもできるし、味方もオーバーしターンオーバーしやすくなる。

トヨタ自動車
【とよたじどうしゃ】チ

1941年創部。かつては社名がトヨタ自動車工業だったため「トヨタ自工」とも呼ばれた名門だ（社名は1986年にトヨタ自動車に）。全国社会人大会には1949年に初出場し、1968年に初優勝。1986年までに計5回優勝し、日本選手権では3度を誇る。2003年度に始まったトップリーグでは2年目から所属し、イタリア語で「緑（verde）」とドイツ語で「稲妻（blitz）」をつなげたヴェルブリッツというチーム名に。リーグ戦で優勝できていないが、2017年度から就任した名将ジェイク・ホワイトHCのド、2018年度のトップリーグカップで優勝し、トップリーグが始まって以来初のタイトルを獲得した。練習場は愛知県豊田市にある。

トライ
【とらい】試

トライは一気に最大の5点を獲得できるラグビーの華だ。インゴールに手や腕、または上半身でグラウンディングした場合に認められる。最初は0点で、もともとラグビーの得点はサッカーと同じくゴールのみだった。トライは文字通り、キックを「試みる（トライ）」する権利だった。現在トライの後に2点となるゴールを「コンバージョン」とも言うのは、「トライがゴールに変換（コンバート）された」という意味から来ている。トライは1889年に1点となり、徐々に増えて、1971年に4点、1992年から5点となり今に至る。将来的には、もっと増えるかもしれない。

トライ王
【とらいおう】他

文字通り、リーグや大会でトライを一番挙げた選手が受賞する賞。モールからHOやNo.8がたくさんトライを挙げる場合もあるが、WTBやFBといったバックスリーの快足の選手が受賞することがほとんどだ。

トライくん
【とらいくん】マ

花園ラグビー場のある大阪・東大阪市のマスコット。趣味はもちろんラグビー。心優しく、人なつっこい性格。好きな食べ物はカレーパン（とくにラグビーボール型！）。花園ラグビー場周辺ではよく見られるモチーフだ。

ドリフトディフェンス
【どりふとでぃふぇんす】(戦)

ドリフトディフェンスとは組織ディフェンスのひとつだ。ドリフト（drift）とは「横滑り」という意味で、相手がパスしたら、その選手をマークしていた選手は流れていってを繰り返し、最終的にはタッチラインを味方にしつつ2対1を作ること狙いだ。相手にゲインされるが、破綻の少ない組織ディフェンスだ。

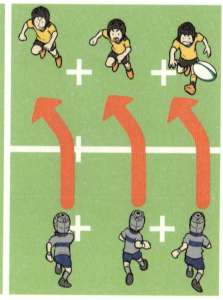

ドライビングモール
【どらいびんぐもーる】(試)

モールを形成して押し込む（ドライブ）、前進するプレーだ。FWが優位のチームでは得点パターンのひとつだ。敵陣ゴール前のラインアウトからモールを形成し、それを押し込んでトライというシーンも多く見られる。フィールドプレーからモールを組み押し込む場合もある。

ドリブル
【どりぶる】(試)

サッカーのドリブルと同義語で、地面のボールを蹴って前に進むプレーだ。上手い選手になると2度、3度とドリブルして、インゴールにあるボールをトライするときもあるほど。

トランジション＝攻守の入替
【とらんじしょん＝こうしゅのいれかえ】(戦)

攻守の入れ替えのことを「トランジション（transition）」という。守っていて、相手のボールを奪い返した（ターンオーバーした）後、すぐに攻撃すればチャンスになる。また攻撃していて、相手にターンオーバーされた後、すぐにディフェンスの陣形を整えないと相手にチャンスを与えてしまう。現代ラグビーでは、単なるスピードだけでなく、トランジションのはやさも大事な要素となっている。

トレーナー
【とれーなー】(ポ)

アスレティックトレーナーのことで、マッサージなどで選手のケガのケアする専門家を指すことが一般的だ。ただラグビーの場合、S&Cトレーナーは、ケガの治療ではなく、選手がベストの状態で練習や試合に臨むように調整やトレーニングする専門家のことを指す場合が多い。前者であればマッサージーやストレッチ、テーピングなどの知識が必要であり、後者であればラグビーそのものやトレーニングに対する知識が要求される。両方に長けている専門家もいる。

ドロップアウト
【どろっぷあうと】(試)

自陣22mライン内からのドロップキックで試合を再開する場合がある。相手が持ち込んだボールをインゴールでグラウンディングした場合。相手が蹴ったり所持したりしているボールがインゴール内のタッチライン（タッチゴール）やデッドボールラインを超えた場合。相手のペナルティゴールやドロップゴールが失敗した場合など。ドロップアウトはレフリーの合図があった後、自分たちのタイミングで蹴っていい。

ドロップキック
【どろっぷきっく】(試)

ボールを一度地面にワンバウンドさせてから蹴る蹴り方。キックオフするとき、ドロップゴールを狙うとき、ドロップアウトをするときに使う。PGやコンバージョンキックもドロップキックで蹴ってもOK。セブンズの場合のPGやコンバージョンキックは、時間短縮のためにドロップキックで行わなければならない。

ドロップゴール
【どろっぷごーる】(試)

ラグビーではインプレー中にもキックで得点を狙うことができる。それがドロップゴールだ。一度地面にワンバウンドさせてから蹴るドロップキックで狙う（このときはノックオンにならない）。残り1点差、2点差で逆転できる場合や相手にディフェンスが強固なときなどはSOなどが狙う場合がある。劇的な逆転劇を呼ぶキックである。

トンプソン ルーク
【とんぷそん・るーく】(人)

1981年、ニュージーランド出身のラグビー選手。カンタベリーから2004年に三洋電機（現・パナソニック）に入部。2006年に近鉄へ移籍し、2008年にはチーム史上初の外国人主将に就任、2010年には日本国籍も取得。日本代表では2007年から3回のワールドカップに出場。2017年6月のアイルランド戦で代表に復帰。2019年には37歳にしてサンウルブズでスーパーラグビーデビューを果たし、再び日本代表メンバー入りした。

な

ナイキ
【ないき】⑩

1968年に設立された、アメリカ・オレゴン州に本拠地を置く総合スポーツ衣料メーカー。ナイキという社名は、社員が夢で見たギリシャ神話の勝利の女神「Nike（ニケ）」に由来。NBLやNFLなど、アメリカのメジャースポーツの他、サッカーやゴルフなど多くのスポーツチーム、選手とスポンサーシップと結んでいるが、2019年現在、ラグビーチームではアルゼンチン代表とイングランド・プレミアシップのサラセンズと契約。ラグビー日本代表選手も多数が契約しており、ナイキのシューズを履いている。

9（ナイン）シェイプ
【ないんしぇいぷ】⑱

9シェイプとは9番＝SHを起点としたアタックのことで「オフ(off)9」とも呼ぶ。9番の横にFWが2人ないし3人立つことが一般的だ。近年では突破力のあるCTBなどBKが立つことも。基本的には近場を攻める形だが、9シェイプを連続して、相手のディフェンスのセットが遅れたところを攻めたり、相手ディフェンスを近場に寄せて外側のスペースを攻めたりする。FWやSOなど外からのコールも大事だが、SHの判断力も欠かせない。

中川家
【なかがわけ】⑪

1970年生まれの中川剛と1972年生まれの礼二の兄弟による漫才コンビだ。大阪府出身。1992年にコンビを結成し、2001年M-1グランプリの初代チャンピオンになった。2人とも中学・高校時代はラグビー部に所属し、剛は守口東高でSH、礼二は近畿情報高等専修学校でHOだったという。今でもお笑い界きってのラグビーファンとして知られ、特に礼二のラグビーのレフリーのモノマネは有名だ。(→P.135参照)

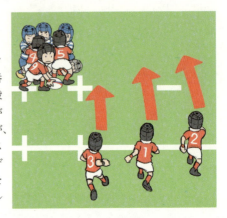

中竹竜二
【なかたけりゅうじ】⊕

1973年、福岡県生まれ。小1からラグビーを始め、東筑高を経て早稲田大に入学。4年時は主将として大学選手権準優勝に貢献。3年生まで試合にまったく出ていない選手が主将に任命されたのは異例のことだった。そのときの様子は『オールアウト』(スキージャーナル、時見宗和著)に詳しい(→P.48参照)。2006年度から清宮克幸監督の後を受けて、早稲田大の監督に就任し、2007年度から2年連続大学選手権優勝に導く。2010年から日本ラグビー協会初代コーチングディレクターを務めており、ラグビーの育成に携わっている。U20日本代表のヘッドコーチやアジア勢と戦う日本代表のヘッドコーチ代行も務めた。著書も多数あり、ラグビー界の枠を超えて活動している。

中村知春
【なかむらちはる】⊕

1988年生まれ、神奈川県出身。小さい頃からバスケットボールをしていて法政大学まで体育会でプレーした。2010年からラグビーを始めて、半年後には女子セブンズ日本代表候補に選出され、1年後には日本代表となる。2012年から女子7人制ラグビー日本代表のキャプテンを務め続けている。2016年のリオ五輪に出場、2013年、2018年のセブンズワールドカップにも出場した。運動量豊富なプレーとタックルがウリだ。若い選手からは「アニキ」と慕われている。アルカス熊谷所属。

流大
【ながれゆたか】⊕

1992年、福岡県生まれのラグビー日本代表選手。大と書いて「ゆたか」と読む。身長は166cmと小さいが、強気の攻め、テンポのいいパスの捌きが持ち味。小学校3年からラグビーを始めて、熊本の荒尾高(現・岱志高)に進学し花園に出場。帝京大では4年時に主将も務めて大学選手権優勝に貢献。サントリーでは2年目から主将も務め、2016年度、17年度と2年連続2冠に寄与、ベスト15にも2年連続選出。2017年に代表初キャップを獲得、2018年にはスーパーラグビー未経験ながらサンウルブズの共同主将にも選出。日本代表でもリーダーの一人として、チームを鼓舞する。代表キャップ15。

夏合宿でのランパス
【なつがっしゅくでのらんぱす】⊕

ラグビー経験者であれば、一番きつかった練習のひとつに夏合宿の「ランパス」を思い出すだろう。ランパスはパスをしながらゴールライン間を走る練習だ。暑い中、いつ終わるかわからないランパスがトラウマになっている人もいるはず。菅平などで行われる夏合宿で、フィットネス練習を兼ねて、最後にランパスで締める学校も多い。

22mライン
【にじゅうにめーとるらいん】試

両陣地のゴールラインから22mの地点に引かれている白いラインで、このラインを知るともっとラグビーがおもしろくなる。まず、相手陣22m内に入ったら大きなチャンスだ。またドロップアウト時も自陣22m内で行う。さらにエリアマネジメントにおいても大きな意味を持つ。相手が蹴ったりランしたりして自陣22mラインに持ち込んだボールは、バウンドせずにそのままタッチに蹴っても、その場所から相手ボールのラインアウトになる。ただし、自分たちで持ち込んだボールは自陣22m内から蹴ってもワンバウンド以上させないと「ダイレクトタッチ」になる。

2013年エディージャパン、ウェールズに勝利
【にせんじゅうさんねんえでぃーじゃぱん、うぇーるずにしょうり】事

2012年に日本代表の指揮官に就任したエディー・ジョーンズHC。初年度はアウェイで欧州勢（ルーマニア代表、ジョージア代表）に勝利した。翌2013年6月15日、秩父宮ラグビー場で13戦目にしてウェールズ代表を23-8で下した歴史的勝利を挙げた。ブリティッシュ＆アイリッシュライオンズが豪州遠征中だったため、主力は来日していなかったが、ウェールズ代表は当時2年連続シックス・ネーションズで優勝していた欧州王者で、お互いがテストマッチと認める試合で価値ある白星となった。

2007年W杯日本がカナダに引き分ける
【にせんななねんわーるどかっぷにほんがかなだにひきわける】事

2007年フランスで行われたワールドカップでは、ジョン・カーワンHCに率いられた日本代表は実質的な2チーム体制で臨んだ。初戦はオーストラリア代表に3-91で大敗、フィジーには31-35で惜敗、3戦目はウェールズ代表に18-72と大敗した。最終戦はカナダ代表戦だった。リードされる展開となったが、後半ロスタイムにCTB平浩二がトライを挙げて、CTB大西将太郎がゴールを決めて12-12で引き分けに持ち込んだ。引き分けながら、1995年ワールドカップのウェールズ代表戦から続く連敗を13でストップさせた試合となった。なお2011年ワールドカップも最終戦でカナダ代表に23-23と引き分けた。

日体
【にったい】学

愛称は「ユニコーンズ」。1933年に日体大に創部、1963年から関東大学対抗戦グループに所属し、1969年度には対抗戦、大学選手権、日本選手権を制した古豪だ。大学の学長も務めた故・綿井永寿監督が掲げたランニングラグビーが伝統だ。今まで大学選手権2度、対抗戦は5度優勝。山口良治や田沼広之（2019年現在・監督）など多くの日本代表選手を輩出しているだけでなく、帝京大の岩出雅之監督を筆頭に日体大出身の指導者は高校、大学のラグビー部には多く、日

本ラグビー界を支えてきた大学と言える。女子ラグビー部も日本トップクラスの強豪で、「太陽生命ウィメンズシリーズ」で2016年度、18年度の2度総合優勝を果たした。

日本人初のプロ選手
【にほんじんはつのぷろせんしゅ】人

村田亙。1968年、福岡県生まれの元ラグビー選手＆指導者。小学校1年からラグビーを始め、東福岡を経て専修大へ。専修大4年時は主将としてリーグ戦優勝に貢献。1990年に東芝府中(当時)に入り、1996年度からの日本選手権3連覇に貢献。1991年に日本代表初キャップを獲得し、1991年から3度ワールドカップに出場。素早いパスさばきとランに魅力のある攻撃的な選手だった。1999年、渡仏しバイヨンヌ(当時2部)に移籍し、日本人としては初のプロ選手に。2001年に帰国し、2008年までヤマハ発動機でプレー。引退するとすぐに男子7人制日本代表監督に就任し、2012年まで指揮。現在は母校の専修大ラグビー部の監督を務めている。代表キャップ41。

な

日本代表になぜ、外国人選手がいるの？

ラグビーの代表チームに入るためには、オリンピックのようにその国のパスポートが必要ではなく、「所属協会主義」に基づいてチームが編成される。かつて発祥地のイングランド出身の選手が世界を転々としていたためとも言われるが、その地域や国のラグビー協会の代表として、国籍に関係なく代表選手になることができるのだ。それがグローバルなスポーツとして発展するラグビーの魅力のひとつにもなっている。

日本代表資格(eligibility)は、日本のパスポートを持たずとも、3年間、日本に住んで日本協会所属のチームでプレーすれば得ることができる(2020年12月31日から5年に変更)ほか、日本で生まれるか、祖父母または両親のいずれかが日本出身者でも日本代表選手になれる。

ただし、原則的に一度でも他の国や地域の代表(7人制も含む)としてプレーしたら、日本代表としてプレーできない。

国籍が違えども、母国から家族と離れて、海外でラグビーをしている姿を想像してほしい。しかも数ヶ月ではなく、3年間、である。その上で、母国で代表になる権利を捨ててまで、その日本代表を選んでいる。ときには日本人選手よりも、体を張って日本代表のために戦っている外国出身選手たちを是非応援しよう！

日本選手権
【にほんせんしゅけん】⼤

1960年から3度行われたNHK杯が起源で、1963年から日本選手権となり、1964年度から社会人王者と大学王者の1発勝負、そして1月15日の成人式(当時)開催となり、日本選手権は正月の風物詩のひとつになった。だが、80年代以降は実力差が開き、大学のチームが勝つことが難しくなり、1997年度から複数チームが参加できるようになった。2017年度から大学のチームが参加できなくなり、日本選手権はトップリーグのプレーオフの準決勝、決勝と兼ねることになった。2018年度現在、最多優勝は神戸製鋼の10回である。

日本代表選手でもすべてのルールを把握してない
【にほんだいひょうせんしゅでもすべてのるーるをはあくしてない】あ

ある試合でスクラム時、ベンチにいた元日本代表のBKの選手が、PRの選手に対して「なんであれ、いま反則なの?」と聞いていた姿を見たことがある。日本代表選であってもBKの選手は、FWのスクラム、ラインアウトの反則を全部把握していないようだ。

日本の東の聖地
【にほんのひがしのせいち】場

秩父宮ラグビー場のこと。東京・青山にある秩父宮ラグビー場は、ラグビー専用競技場として1947年、女子学習院跡地に「東京ラグビー場」として創設。1953年、日本ラグビー協会の名誉総裁の秩父宮雍仁親王殿下のご遺徳を偲んで「秩父宮ラグビー場」という名に。1964年の東京五輪ではサッカー会場としても利用された(そのため、ラグビー場だが電光掲示板には45分までのメモリがある)。その後は日本代表のテストマッチだけでなく、日本選手権、トップリーグ、大学選手権、高校などの試合が行われ、数多くの名勝負が生まれた。現在は日本スポーツ振興センターが管理する。2020年東京五輪後に、神宮は再開発され、神宮第二球場が解体され、そこに新たな秩父宮ラグビー場が新設される。現在の秩父宮ラグビー場は解体され、新たに神宮球場が建つ予定だという。

概要
- **住所** 東京都港区北青山2-8-35
- **最寄り駅** 東京メトロ銀座線外苑前駅
- **収容人数** 24,871名（障害者席30席を含む）
- **芝生面積** 10,515.5㎡
- **天然芝**

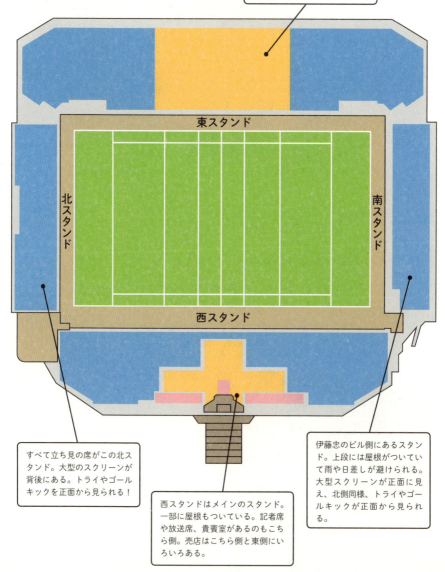

東門から一番近く、神宮外苑のいちょう並木側にある。スタンドの真ん中あたりではラグビー場をほぼ中央から眺められる。屋根がないので強い日差しや雨に注意！

すべて立ち見の席がこの北スタンド。大型のスクリーンが背後にある。トライやゴールキックを正面から見られる！

西スタンドはメインのスタンド。一部に屋根もついている。記者席や放送席、貴賓室があるのもこちら側。売店はこちら側と東側にいろいろある。

伊藤忠のビル側にあるスタンド。上段には屋根がついていて雨や日差しが避けられる。大型スクリーンが正面に見え、北側同様、トライやゴールキックが正面から見られる。

認定トライ＝ペナルティトライ

【にんていとらい＝ぺなるてぃとらい】試

「認定トライ」とも呼ばれるペナルティトライは、モールやスクラムのコラプシング、インテンショナルノックオンなどのペナルティをし、相手のトライを妨害したときに取られる反則だ。基準はそのプレーがなければトライにつながったかどうか、である。得点した側にはゴールキックをせずに、そのまま7点が入る。また同時に、イエローカード（10分間の一時的退場）の対象になることがほとんどであるので、プレーしている選手はやらないように気をつけたいところだ。ただ、どうしても「トライを取られる！」と思って手を出してしまう選手がいて、ペナルティトライになってしまう。

ネーションズチャンピオンシップ

【ねーしょんずちゃんぴおんしっぷ】大

ワールドラグビーが2020年から検討していた国際大会で、1部には「シックス・ネーションズ」に出場している欧州強豪の6チームと、「ザ・ラグビーチャンピオンシップ」に出場する南半球の4チーム、そして世界ランキング上位のフィジー、日本代表が入り、12チームの総当たり戦を行って、最後に優勝を争う形が想定されていた。ただ2部、3部もあり降昇格も想定されていたため、スコットランドなどの反対があり、2019年6月にこの計画は頓挫してしまった。

ノーサイド

【のーさいど】他

日本のラグビー界では試合が終わり、敵も味方もなくなった瞬間を「ノーサイド（NO SIDE）」という。海外でも使われていたが、現在では「フルタイム」が一般的だという。試合後に敵と味方と一緒にお酒を飲み交わす「アフターマッチ・ファンクション」（P.35参照）という文化があり、それが「ノーサイド」という言葉で広まったと推測されている。スポーツ界だけでなく、敵も味方もないという意味で「ノーサイド」という言葉が使われている。そのためラグビーを代表する言葉で、競技を知らなくても「ノーサイド」「スクラム」を知っている人は多い。

ノーサイド（歌）
【のーさいど】文

松任谷由実が1984年に作詞・作曲した楽曲。元々は編曲の松任谷正隆がプロデュースを手掛けた歌手「麗美」のアルバムへの提供曲だった。1984年1月の高校ラグビーの全国大会決勝戦を見て着想を得たと言われており、当初は歌詞中の試合が2月と具体的だったが、日本選手権が1月で終わることを知ったのち、松任谷由実自らが発表する際には「冬の日」と歌詞が変更されたという。

ノーホイッスルトライ
【のーほいっするとらい】試

前後半の開始や相手に得点を取られた後、キックオフで試合が始まる。その後、反則やミスなどがなくレフリーに一度も笛を吹かれずにトライを挙げることを「ノーホイッスルトライ」という。やられた方は少し屈辱だ。

ノックオン
【のっくおん】試

「ノックオン」はラグビーで最も有名な軽度の反則のひとつで、ボールを腕や手に当て、前に落としてしまうことだ。相手ボールのスクラムで再開される。お手玉したボールは地面に着く前に、そのまま取ればノックオンにならない。また相手のキックをチャージしたボールもノックオンにはならない。

ノックオン、帝京ボール！
【のっくおん、ていきょうぼーる】他

「ピッ！ ノックオン！ スクラム！ 帝京ボール！」という声をTVから聞いたことがある人も多いだろう。ラグビー経験者の兄弟漫才コンビ・中川家の礼二による有名なネタのひとつである。大学ラグビーで笛を吹いているレフリーのモノマネだ。最初は「早稲田ボール」でやっていたが、まったくうけず、帝京大が強かったことから「帝京ボール」に変わったとか。

ノットリリースザボール
【のっとりりーすざぼーる】試

ノットリリースザボール（Not release the ball）は、試合中によく見られるペナルティのひとつだ。「ノットリリース」とも言われる。タックルをされて地面に倒されても、ボールを離さない反則である。つまり、倒れながら相手にボールをジャッカルさせないように妨害しているというわけだ。またタックル後に倒されて膝や手をついたのにあからさまにほふく前進しても、ノットリリースザボールの反則が取られてしまう。

ノックバック
【のっくばっく】試

ボールを自分の後ろに落としたとき、レフリーから「ノックバック」や「バックワーズ」という声がかり、ゲームはそのまま継続。いわばノックオンの反対語だ。

ノットストレート
【のっとすとれーと】試

文字通り、ボールをまっすぐ入れなかったときに取られる反則。ラインアウト、スクラムともにボールを投入する側はまっすぐ入れないといけない。ラインアウトをまっすぐ投げなかった場合は、相手ボールのラインアウトかスクラムで再開され、スクラム時のノットストレートはフリーキックで再開される。ただ、ラインアウトのノットストレートの方がよく目にするはず。

ノミネート
【のみねーと】戦

ノミネート（nominate）とは組織ディフェンス時に使う言葉だ。「指名する」という英語の意味の通り、ディフェンスの選手がアタック側のどの選手をマークするかを確認することだ。アタック側は戦術やサインプレーを使って、このノミネートをずらし、突破やゲインを試みるというわけだ。

は

バーシティマッチ
【ばーしてぃまっち】㊩

1872年に始まった、イギリスのオックスフォード大学とケンブリッジ大学による、世界最古の大学ラグビーの定期戦である。毎年12月にトゥイッケナム・スタジアムで開催され、この試合に出場すると、両校ともに青が入ったジャージーを着用するため、文武両道の証「ブルー」という称号を得られる。日本人では林敏之、岩渕健輔、箕内拓郎、土佐誠らが出場経験を持つ。女子のバーシティマッチは1988年に開始され、2015年からは男子と同日開催になった。

バーバリアンズ
【ばーばりあんず】㊙

バーバリアン・フットボールクラブの通称。クラブハウスやグラウンドを持たない伝統あるチームだ。世界からの招待選手で構成され、基本的にはイギリスで試合を行う。白黒の横縞のジャージーに黒いパンツを履くが、ソックスは選手が各々所属するクラブのものを着用する。「野蛮人」という意味を持ち、1890年、ケンブリッジ大学の学生の発想によって設立された。

ハーフ＝スクラムハーフ
【はーふ＝すくらむはーふ】㊩

最もボールを扱う回数が多いポジションがSHで、背番号は9。スクラムからボールを出し、15人の真ん中ということで「スクラムハーフ」だ。「ハーフ」とも。FWとBKのつなぎ役としてパスを裁いたり、自分から仕掛けたりSOとハーフ団を形成し、ゲームをコントロールする。

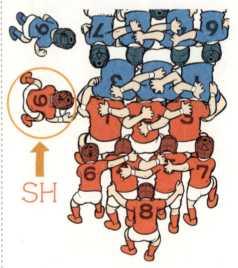

ハーフタイム
【はーふたいむ】㊩

40分（高校生は30分）ハーフで行われるラグビー。前後半の間の時間を「ハーフタイム」といい、15分以内と決まっている。セブンズ（7人制ラグビー）の場合は1分と短い。ちょっとした体のケアや休憩、監督やヘッドコーチからの指示も行われる。

ハイタックル
【はいたっくる】(試)

相手の肩のラインより上に、手などでタックルすると危険なため「ハイタックル」となる。偶然、故意ということは関係なく、現象のみで判断されペナルティとなる。ラリアットのような、あまり危険なタックルだとイエローカードの対象にもなる。

ハイパントキック
【はいぱんときっく】(試)

SHやSO、FBなどの選手がボールを高く蹴り上げて、相手と競り合うことを目的とした滞空時間の高いキックのことを「ハイパントキック」という。SH、SO、FBなどが蹴ることが多い。ハイパントキックの狙いは、相手と競ることでボールを再獲得できれば一番である。もしそれができなくてもディフェンスでプレッシャーをかけて取り戻したい。相手のディフェンスの体制ができていないときに攻めることができれば大きなチャンスとなろう。

ハイボールキャッチ
【はいぼーるきゃっち】(試)

ハイパントなどで蹴られたボールを空中でキャッチすること。キックを蹴るSHやSO側からしたら、ハイボールキャッチの上手い選手、身長の高い選手がいると戦略的にも上手く、キックを使える。WTBやFBにとっては、必須スキルのひとつだ。

ハイランダーズ
【はいらんだーず】(チ)

1996年のスーパーラグビー開幕から参戦しているニュージーランド・ダニーデンを本拠地とするクラブだ。歴史的にスコットランド系移民が多く住む土地柄で、クラブ名は中世から屈強で名高いスコットランド北部の住民(ハイランド人)の軍隊の名にちなんだ。2013年から、日本人として初のスー

パーラグビー選手となった日本代表SH田中史朗が4年間在籍し、2015年には現在日本代表の指揮官を務めるジェイミー・ジョセフの下、悲願の初優勝を果たした。

パイルアップ
【ぱいるあっぷ】(試)

モールやラックといった密集において、ボールが停滞したときにレフリーが「パイルアップ(pile up)=折り重なった状態」という。ラックが停滞したときは最後に前進した、押し込んだ側のボールのスクラムで再開。また、モールが停滞したときはディフェンス側のスクラムで再開される。つまりターンオーバー成立だ。

バインド
【ばいんど】(試)

相手をしっかりと腕でつかむことで、タックルは相手を「バインド」して倒さないといけない。もしバインドしないで肩だけでタックルすると反則になる。またスクラムを組むときは「クラウチ、バインド、セット」というレフリーのコールで組むが、バインドでPRは相手のPRのジャージーなどをつかまなければならない。

ハカ＝ウォークライ
【はか＝うぉーくらい】他
オールブラックスが試合前に披露する踊りのこと。P.41のウォークライ参照。

パス
【ぱす】試
ボールを手に持ち、味方に投げる、渡すこと。投げ方はどんな形でも構わないが、ラグビーではボールを持った選手が常に先頭のため、自分より後方に投げなければならない。前に投げると「スローフォワード」という小さな反則となり、相手ボールのスクラムで再開される。

長谷川慎
【はせがわしん】人
1972年生まれ、京都出身の元ラグビー選手、現・指導者。4歳でラグビーを始め、東山高でHOからPRとなり花園にも出場。中央大学卒業後にサントリーに入団し、日本代表としても2003年のワールドカップに出場し、「スクラム番長」の異名を取る。現役引退後は指導者となり、サントリー、ヤマハ発動機を経て、日本代表でスクラムコーチを務める。

8単
【はちたん】試
スクラムを起点とし攻撃で、No.8がスクラムからボールを拾い上げ、自らアタックを仕掛けるサインプレー。ゴール前のスクラムではよく見られるプレーのひとつだ。

BKコーチ
【ばっくすこーち】ポ
ラグビーでは監督やヘッドコーチの下に、各ユニットのコーチがいる。「BKコーチ」は文字通り、BKを主に指導するコーチで、アタックの戦術や、パス、キックといったスキルも担当する場合も。もちろん、もともとBKの選手だったことがほとんどだ。

バックフリップパスの名手
【ばっくふりっぷぱすのめいしゅ】人
ソニー＝ビル・ウィリアムズ。1985年生まれ、ニュージーランド出身のラグビー選手だ。もともとは13人制ラグビーで頭角を示したが、15人制ラグビーに転向したCTBである。その突破力とオフロードパスを武器に、オールブラックスとして2011年、15年ワールドカップに出場し母国の連覇に貢献した。「もっともセクシーなラグビー選手」とも言われた。2012年度にトップリーグのパナソニックでプレーし、また7人制ラグビーニュージーランド代表としてリオ五輪にも出場した。右手によるバックフリップでのオフロードパスは、もはや彼の代名詞となっているが、なかなか思うように止めることができない。ボクシングもやっていることで知られる。オールブラックスキャップは33を誇る。

バックドア
【ばっくどあ】戦
FWなどがブロッカー（デコイ・おとり）となって、相手のディフェンスラインに対して浅く立ち、その後方にアタックライン（シェイプとも呼ぶ）を形成する。その後方のアタックラインのことを「バックドア」と呼んでおり、デコイで前に立っているFWのシェイプ（ライン）は「フロントドア」と呼ばれる。

ハットトリック
【はっととりっく】試
ラグビーで1試合3トライを挙げることを「ハットトリック（hat trick）」という。もともとはクリケット用語で、サッカーやラグビーでも使用されるようになった。なお1試合でトライ、ゴール、PG、DGを決めることを「フルハウス」という。ちなみに日

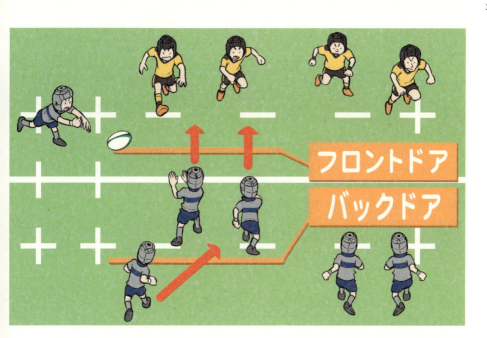

本代表選手がワールドカップでハットトリック達成した選手はいない。2019年大会では現れる？

バッファロー
【ばっふぁろー】 あ
日本を含めてラグビー界では、試合後などの飲み会の席で、ビールなどのグラスを右手で持ってはいけないという暗黙のルールがある（握手を右手でするときに冷たい手でするのは失礼だから）。右手でもしグラスを持っていたら、周りから「バッファロー」という声がかかり、その人はお酒を飲み干さないといけない（牛のひづめが冷たいからバッファローとなったとか）。

パナソニック
【ぱなそにっく】㊝

日本選手権5回、トップリーグを4度制しているトップリーグの強豪のひとつ。ブルーがチームカラーだ。1960年に東京三洋電機のラグビー部として創設、1986年から会社の合併により三洋電機に。東日本社会人リーグでは「野武士軍団」という愛称の強豪のひとつだったが、なかなか日本一になることができず「シルバーコレクター」と揶揄された。2003年にトップリーグが創設されるとワイルドナイツという名になり、2007年度から日本選手権3連覇を達成し、2010年度はトップリーグで初優勝。2011年にはパナソニック ワイルドナイツと名を変えた。2019年のワールドカップ終了後、練習拠点を太田から熊谷に移し、熊谷ラグビー場を本拠とする予定。なお練習場やクラブハウスも熊谷スポーツ文化公園内に移転するという。パナソニックが熊谷でどんな歴史を紡いでいくだろうか。

花園、東福岡と桐蔭学園の両校優勝
【はなぞの、ひがしふくおかととういんがくえんのりょうこうゆうしょう】㊐

2010年度の花園の決勝は歴史に残る一戦だった。前半は桐蔭学園（神奈川）が4トライを挙げて24－10リードとしたが、後半は東福岡（福岡）が3トライを挙げて31－31と同点で両校優勝（同点優勝は4度目）。桐蔭学園にとっては初優勝、東福岡は2年連続3度目の優勝だった。なお東福岡にはCTB布巻峻介とFB藤田慶和、桐蔭学園にはSO小倉淳平、FB松島幸太朗と後に日本代表に名を連ねる選手たちが出場していた。

林敏之
【はやしとしゆき】㊅

1960年生まれ、徳島県出身。元日本代表選手。「壊し屋」と恐れられるほど激しいプレ

ーがウリのLOで、漫画『プロゴルファー猿』の弟に似ているため「ダイマル」という愛称も持つ。同志社大在学中に日本代表に選出され、神戸製鋼でプレーしてV7に貢献。1987年の第1回ワールドカップでは主将を務めた。1990年、オックスフォード大に留学しケンブリッジ大との対抗戦「バーシティマッチ」に出場、日本人として初めて「ブルー」の称号を得る。オックスフォード歴代ベスト15にも選出。世界選抜、バーバリアンズでもプレーし、国際舞台を多く経験し、現在はNPO法人の運営などに力を注ぐ。日本代表キャップ38。キャプテンとしては11試合に出場を果たした。

春口廣
【はるぐちひろし】㊅

1949年生まれのラグビー指導者。日体大卒業後、高校教諭を経て、1974年に関東学院大の監督に就任。当時は専用グラウンドもないチームを1982年に関東大学リーグ戦1部に昇格させ、1990年に初優勝に導く。そして1998年に大学選手権で初優勝に輝く。以降リーグ戦優勝10回、大学選手権優勝6回の強豪へ押し上げた大学ラグビー界の名将のひとり。日本代表の主将になったNo.8箕内拓郎や、代表の中核を担っているPR稲垣啓太を育てた。

ハンド
【はんど】試

ラグビーでも手を使う反則を「ハンド」という。サッカーとは違い、ラグビーではラックが成立した後で、ラックの中のボールを手で扱うと「ハンド」となる（足で掻くことはOK）。敵味方が組み合ってラックになる前であれば、当然、手でボールを扱ってジャッカルしても構わない。だが、ラック成立後にジャッカルしようとするとハンドになる。

ハンドダミー
【はんどだみー】道

タックルやコンタクト練習時にディフェンス側が持って使う道具。練習からフルコンタクトだとケガをしてしまう恐れがあるため、中にはスポンジが入っている。小学校から日本代表レベルでも使用している。大きさは80cm×50cm×20cmくらいが一般的。

ハンマー
【はんまー】戦

接点の近場などでは、ボールキャリアーが1人で入ってしまうと、相手にダブルタックルなどを受けて、押し込まれてしまう可能性がある。そのため、ボールキャリアー1人に対して、1人ないし2人がしっかりフォローして押し込んで、自分たちに有利な接点を作るプレーだ。相手ゴール前では、ハンマーで相手を押し込みゲインしたり、トライしたりするシーンをよく見る。

PRをプロップ、FBをフルバックなどと読んでしまうラグビー脳
【ぴーあーるをぷろっぷ、えふびーをふるばっくなどとよんでしまうらぐびーのう】あ

SNSを見ているとピーアールは「PR」、フェイスブックは「FB」と略称が使われるが、PR（プロップ）、FB（フルバック）と呼んでしまう。そんな人は立派な「ラグビー脳」の持ち主である！

PからGO＝クイックタップ、タップキック

【ぴーからごー＝くいっくたっぷ、たっぷきっく】⚔

Pは「ペナルティ」の頭文字、そしてGOは「ペナルティ後、タップキックですぐに攻め込む」という意。1996年度から東芝府中（現・東芝）は「PからGO」をスローガンに、日本選手権3連覇を達成。ペナルティした地点から相手は10m離れないといけないため（離れないでプレーに関与するとノット10mの反則）、ペナルティからの速攻でトライを挙げた。

HERO（歌）

【ひーろー】文

麻倉未稀、葛城ユキのシングル曲だ。原曲は、1984年にアメリカで公開された映画「フットルース」の挿入歌ボニー・タイラーの「Holding Out for a Hero」。麻倉未稀が歌った「ヒーロー」は、ドラマ「スクール☆ウォーズ」の主題歌として起用されヒットし、今でもラグビー関連番組などで使用されることが多い。

東大阪市花園ラグビー場

【ひがしおおさかしはなぞのらぐびーじょう】場

1928年に秩父宮様が橿原神宮にご参拝のため現在の近鉄にご乗車、ラグビー専用場の建設のご提案をしたという話があり、1929年11月に完成。1963年から、西宮球技場で開催されていた、全国高校ラグビー大会が行われるようになった。2015年にはラグビーワールドカップ2019年日本大会の会場のひとつに選ばれ、2017年から改修工事を実施し、2018年に新しい姿に生まれ変わった。

東福岡

【ひがしふくおか】学

「フェニックス」という愛称とモスグリーンのジャージーとともに高校ラグビー界で何度も頂点に立ってきた福岡の名門高。谷崎重幸監督の下、2007年度に花園で初優勝し、2009年度から3連覇を達成。2012年に藤田雄一郎監督となっても強さは変わらず、2007年度から10年間で6度の優勝、3度のベスト4に輝いた。2018年度まで春の選抜でも5回、夏のアシックスカップ（7人制ラグビーの全国大会）でも3度優勝。

東福岡の3冠

【ひがしふくおかのさんかん】事

2014年の夏から7人制ラグビーの全国大会「アシックスカップ」が始まった。そのため、高校ラグビーは1年間で、春の選抜、夏の

セブンズ、冬の花園と「3冠」を争うことになった。2014年度、いきなり東福岡が春、夏と優勝し、花園でも御所実業（奈良）を57-5で下して高校「3冠」を達成した。

飛球の旗
【ひきゅうのはた】㊩
「飛球の旗」とは「花園」こと全国高校ラグビー大会の優勝旗である。第40回（1936年1月に西宮で開催）を記念して作られ、75回大会で新調された。

ヒット
【ひっと】㊞
ボールを持って当たることをヒットという。ラグビーでは、ボールを持った人が常に先頭だが、自由に走っても構わない。ただ敵はボールを持っている選手にしかタックルできないため、ヒットやコンタクトの状況が起きる。世界の強豪はレスリング、柔術などの練習も取り入れてヒットやコンタクト時の体の使い方を習得している。

ひげ森
【ひげもり】㊅
森重隆。1951年、福岡県生まれの元ラグビー選手、現・指導者。現役時代のポジションはCTB。福岡高でラグビーを始め、全国大会にも出場。明治大から新日鐵釜石に入社し、キャプテン兼監督として日本選手権4連覇に貢献した。日本代表にも選ばれてキャプテンも務めた（代表キャップ27）。30歳で現役引退し、家業の硝子店を継いだが、母校・福岡高のコーチ、そして1995年に監督となり、2010年にWTB福岡堅樹らを擁して花園出場へと導いた。2015年には日本ラグビー協会副会長、九州ラグビー協会会長に、2019年6月末からは日本ラグビー協会会長に就任した。口ヒゲがトレードマークで「ひげ森」という愛称を持つ。

姫野和樹
【ひめのかずき】㊅
1994年、愛知県生まれのラグビー日本代表選手である。中学から競技を始め、春日丘（現・中京大春日丘）で1年生から花園に出場し、注目を浴びた。帝京大ではバックローだけでなくLOでもプレーし、大学選手権優勝などを経験した。2017年度に帝京大を卒業すると一気にブレイクする。トヨタ自動車で1年目からジェイク・ホワイト監督に見いだされてキャプテンを任され、ハードなランを繰り返して、すぐに日本代表入りを果たす。トップリーグでは1年目から新人賞と、FLとしてベスト15をダブル受賞。さらにサンウルブズでも気を吐き、チーム内の新人選手賞にも選出。持ち前の突破力だけでなく、タックルも向上し、日本代表ではすでにリーダーの1人に指名されている。甘いマスクで女性人気もあり、ワールドカップでの活躍も大いに期待されている。

ラグビー愛あふれる花園みやげ

（おいしい）

花園でラガーマンやラグビーファンをトリコにする
おいしいおみやげを紹介します。

花ラグ饅頭®
菓心庵 絹屋
東大阪市吉田6-6-37

全国のラガーマンやラグビーファンに人気。ラグビーボール形で餡には芝生をイメージした青エンドウ餡を使用。

TRY YAKI
御菓子司 五條堂
東大阪市東鴻池町1-5-7

ラガーマンのトライ姿の焼き印がついたどら焼き。中身は北海道産小豆の粒あんと求肥餅で、食べ応えもバッチリ！ パッケージもかわいい。

ショコラガーシャツ タブレット
ケーキとチョコレートの店 ファミーユ
東大阪市下小阪5-4-11

カラフルなラガーシャツのパッケージがおしゃれなチョコレート。味はもちろん本格派！ミルクチョコ味とビターの2種類がある。

東大阪ラグビー
おほい堂本舗
東大阪市箱殿町3-18

全国高等学校ラグビーフットボール大会に毎年出店する名物焼き菓子。オレンジの香りとしっとりした食感にファン多し！

観戦のお供はコレ！

ラグビー弁当（トライ）
和公
東大阪市長田2-19-16

ラグビーボール型の器にごはんを敷き詰め、真ん中に大きなトンカツを載せたボリューム満点のお弁当。地元ラグビー選手にも「勝つ飯」として人気！

ピラー、ポスト
【ぴらー、ぽすと】㊦

ラックやモールができた後、ディフェンス側から見れば、接点の周辺を抜かれてしまうと一番、トライに結びついてしまう。そのため、ラックやモールといった接点ができたら、できる限り、早く、その両側に2人ずつ（ピラー、ポストなどと呼ぶ）選手を立たせることを原則としている。いわば、ゾーンディフェンスで守って、近場をしっかり固めるのが組織ディフェンスの常套手段となっている。

平尾誠二＝ミスターラグビー
【ひらおせいじ＝みすたーらぐびー】㊛

1963年－2016年。選手として日本代表のキャプテンも務め、日本代表監督も務めた「ミスターラグビー」である。1963年に京都で生まれ、選手としてはSO、インサイドCTBとして常にゲームをコントロールするスター選手だった。陶化中で競技を始めて、伏見工業3年時に花園でキャプテンとして出場し、同校初の優勝に大きく貢献した。同志社大に入ると19歳4ヶ月と史上最年少（当時）で日本代表に選出され、同大学に史上初めて大学選手権3連覇をもたらした。大学卒業後は神戸製鋼に入り、SOだけでなくインサイドCTBとしてもプレーし、日本選手権7連覇に大きく寄与した。日本代表としてもワールドカップにも第1回から3大会連続で選手として出場し、第4回大会は、今度は監督として日本代表を率いた。日本代表35キャップ。選手引退後は神戸製鋼監督、ゼネラルマネージャーなどを務めていたが、2016年10月、病気のため53歳で早世した。

平尾プロジェクト
【ひらおぷろじぇくと】㊡

故・平尾誠二さんが監督に就任する前年、日本ラグビー協会の強化委員だった1996年に始めた選手発掘プロジェクトだ。平尾氏は新しい選手の裾野を広げ、他の競技からも人材を発掘しようと試みた。12歳と最年少で選ばれた高橋銀太郎（東京農大二→早稲田大→クボタ）や川松真一朗（両国→日大）、畠山健（仙台育英→大東大→IBM）などがいた。

ビル・ボーモント
【びる・ぼーもんと】⊛

1952年生まれのイングランドの元ラグビー選手、指導者。1970年代後半から80年代にかけてLOとして活躍し、代表として35キャップを保持し主将も務めた。引退後は解説者やテキスタイル会社の経営に携わる。1999年からワールドラグビーのイングランド代表となり、2007〜2012年まではワールドラグビー副会長、2016年から会長を務める。

廣瀬佳司
【ひろせけいじ】⊛

1973年生まれの元日本代表SO、指導者。島本高2年時に花園に出場し、京産大3年時に日本代表に選出、1995、1999、2003年と3度のワールドカップに出場。大学卒業後はトヨタ自動車に入社し、プレースキックの正確さで「ゴールデンブーツ」と呼ばれ、トップリーグでも2シーズン連続で得点王とベストキッカーに輝いた。

廣瀬俊朗
【ひろせとしあき】⊛

1981年生まれ、大阪府出身。5歳から競技を始め、北野高校、慶應義塾大学在学中は高校日本代表やU19日本代表に選出、主将も務めた。東芝に入団し、SOやWTBとして活躍し、トップリーグ制覇に貢献する。日本代表には2007年以来招集されていなかったが、2012年、エディー・ジョーンズHCに主将に任命される。2014年からリーチ マイケルと交代したが、2015年ワールドカップでもメンバー入りを果たし、試合に出場こそできなかったがチームを支えた。代表キャップ28。現在は東芝を退社し、スクラムユニゾンという各国の国歌を歌っておもてなしをするプロジェクトやキャプテンをサポートすることで、ラグビー普及に貢献している。

フィジアンマジック
【ふぃじあんまじっく】⊛

リオ五輪(男子)で優勝したようにフィジーでは、セブンズ(7人制ラグビー)が国民的なスポーツ。変幻自在のステップからオフロードパスでボールをつないでいくさまは魔術のようということで「フィジアンマジック」と称される。15人制のフィジー代表の愛称は「フライング・フィジアンズ」だ。

フィジカルモンスター
【ふぃじかるもんすたー】⊛

1990年生まれ、トンガ出身のアマナキ・レレイ・マフィは身長189cm、体重112kgと恵まれた体格が武器のNo.8。日本で夢を

叶えた「フィジカルモンスター」。花園大でプレーするために来日。2014年からNTTコミュニケーションズに入りトップリーグでプレーすると、すぐに日本代表を率いていたエディー・ジョーンHC（当時）の目にとまり、「ギフト（神様からの贈り物）」「Xファクター」と称された。2015年ワールドカップでも大いに活躍し、レベルズに在籍時の2017年はリーグの「ベスト15」に選出、2018年はボールキャリアーの回数が253回で全体1位だった。日本代表が世界に誇る選手のひとりだ。代表キャップ22。

フェイズ
【ふぇいず】戦

セットプレーからの攻撃後、ラックやモールといったポイントができるまでを1フェイズ（phase）とする。またその起点から起点を2フェイズと数えて、ポイントを基準に何回攻めているかという指標だ。TV画面の上にも表示される。

フィフティーン
【ふぃふてぃーん】他

ラグビーは15人でやるスポーツのため、選手たちのことを「フィフティーン（fifteen）」と呼ぶ。野球の「ナイン（nine）」、サッカーの「イレブン（eleven）」と同じ。

プール＝予選プール
【ぷーる＝よせんぷーる】他

ワールドカップやセブンズのワールドシリーズなどは予選リーグを行った後、ノックアウト方式のトーナメント戦を行うのが一般的。その予選リーグのことをラグビーでは「プール（pool）」と呼ぶ。

フェアキャッチ
【ふぇあきゃっち】試

自陣22m内で相手が蹴ったボールをキャッチすると同時に「マーク」と叫ぶ（P.166のマーク参照）。

フェアプレー
【ふぇあぷれー】他

相手を敬い、スポーツマンシップに乗っ取りプレーすること。ラグビーは防具をつけず、相手と接触する競技なので、ルールを守り、相手を尊重することが欠かせない。

フェッチャー
【ふぇっちゃー】試

相手のボールを果敢に奪取する、ジャッカル（P.87を参照）を決める選手のこと。

FWコーチ
【ふぉわーどこーち】ポ

ラグビーでは監督やヘッドコーチの下に、各ユニットのコーチがいる。「FWコーチ」は文字通り、スクラムやラインアウトといったセットプレーだけでなく、モールやラックといった接点も指導するコーチも多い。もちろん、FW出身者がほとんどだ。

福岡堅樹
【ふくおかけんき】人

1992年、福岡県生まれの選手。ワールドカップとオリンピックに出場した日本で唯一の選手だ。5歳から競技を始め、福岡高3年時に花園に出場。1年間の浪人を経て、目指していた医学部こそ合格しなかったが筑波大学に進学。1年時の全国大学選手権準優勝の活躍がエディー・ジョーンズHC（当時）に認められ、大学2年で日本代表に初招集。2015年のワールドカップにも出場（代表キャップ30）。2016年度からパナソニックに入り、7人制代表としてリオ五輪出場も果たす。サンウルブズでもプレーした。スピードだけでなく、タックルの強さにも定評があり、ハイボールキャッチでも強さを見せる。2020年の東京五輪で選手を引退し、医学の道を志すことを決めている。

部室は消炎剤のにおいで充満
【ぶしつはさろんぱすのにおいでじゅうまん】あ

高校のラグビー部の部室は、誰かのつけている湿布やスプレーなどの消炎剤や鎮痛剤のにおいで充満しているもの。練習の強度を物語っている。

伏見工業初優勝
【ふしみこうぎょうはつゆうしょう】事

「スクール☆ウォーズ」のモデルとなった伏見工業（現・京都工学院）の花園初優勝は1980年度の第60回大会のこと。決勝は大阪工大高（現・常翔学園）との対戦だった。SH高崎利明、SO平尾誠二のハーフ団がチームを引っ張り、ロスタイムにトライを挙げて7－3で勝利し初優勝を遂げた。

府中朝日フットボールパーク
【ふちゅうあさひふっとぼーるぱーく】場

多磨駅下車10分ほどにあり、朝日サッカー場から、W杯や五輪のために整備され、府中朝日フットボールパークへ変更された。

ブライアン・オドリスコル
【ぶらいあん・おどりすこる】人

1979年生まれのアイルランドの元ラグビー選手。1999年にアイルランド代表デビューし2004年からキャプテンを務めるなど133キャップを誇る。シックス・ネーションズでも活躍し、2年連続最優秀選手に選出され、最多トライ記録も持つ。2016年ワールドラグビー殿堂入りを果たした。

ブライアン・ハバナ
【ぶらいあん・はばな】(人)
1983年生まれ、南アフリカの元ラグビー選手。100メートル10秒4というベストタイムを持つスピードで、WTBとしてトライを量産し、ワールドカップ3大会で15トライとニュージーランドのジョナ・ロムーと並ぶ世界最多記録を持つ。2007年は南アフリカのワールドカップ優勝にも貢献した。

ブライトンの奇跡
【ぶらいとんのきせき】(事)
2015年ワールドカップ、予選プールBの1試合目でラグビー日本代表が南アフリカ代表を34-32で破った試合のことで、開催地がロンドンの南にあるブライトンだったため、こう呼ばれる。優勝2回の南アフリカ代表はワールドカップで最も勝率の高いチームだった。逆に日本代表は1勝2分24敗と最も勝率の低いチームだった。それでもエディー・ジョーンズHCに率いられた日本代表は前半から10-12と接戦を演じ、29-32で迎えた終了間際のペナルティで、PGを狙わずスクラムを選択、結局、WTBカーン・ヘスケスが左隅にトライを挙げて34-32で勝利。日本代表のワールドカップの24年ぶりの勝利は、世紀の大金星だった。

ブラインドサイド
【ぶらいんどさいど】(戦)
スクラムやモール、ラックを起点に、狭い方のサイド（P.46のオープンサイド参照）。

ブラックファーンズ
【ぶらっくふぁーんず】(チ)
女子ニュージーランド代表の愛称。「銀シダ（シルバーファーンズ）」にちなみ「ブラックファーンズ」と呼ばれる。15人制のワールドカップで5回、7人制のワールドカップで2度優勝している最強軍団。

ブラックマヨネーズ・小杉
【ぶらっくまよねーず・こすぎ】(人)
1973年生まれ。1998年に吉田敬とブラックマヨネーズを結成、2005年のM-1グランプリで優勝。桂高（京都）でラグビー部に所属しPRだった。ラグビー芸人のひとり。

ブラッドビン
【ぶらっどびん】(試)
ケガや接触で出血してしまい血が流れた状態で、選手はプレーすることができない。ピッチの外に出て止血する必要があり、負傷した選手がピッチの外に出ることを「ブラッド（血）ビン」と呼ぶ。そのとき、チームは一時的に、替わりの選手を出すことができる。もちろん止血作業が終わればピッチに戻れる。

フランソワ・ピナール
【ふらんそわ・ぴなーる】㋥

1967年生まれ、南アフリカ出身の元ラグビー選手。ポジションはFL。1995年、南アフリカ代表のキャプテンとして、初出場となった自国でのワールドカップに出場し、初優勝を成し遂げた。その姿は映画「インビクタス―負けざる者たち―」に詳しく、ピナール役をマット・デイモンが演じた。

フリーキック(FK)
【ふりーきっく】㋭

サッカーとは違い、ラグビーのフリーキックはフェアキャッチ後や、スクラムのアーリーエンゲイジ、ラインアウトのノット1mなど大きな反則ではないときの再開方法。FKの場合、ゴールキックは狙えず、タッチに蹴っても相手ボールになる。チャージも可能。

フリーメイソンズ・タバーン
【ふりーめいそんず・たばーん】㋺

フットボールがサッカーとラグビーに分かれた場所が、ロンドンに現存するパブ「フリーメイソンズ・タバーン（現フリーメーソンズ・アームズ）」だ。1863年10月26日に、ロンドンの12のクラブが集まってルール統一をしようとしたが物別れに終わり、サッカー協会が創設された。一方、ラグビーは1871年にラグビー協会を設立した。

ブリティッシュアンドアイリッシュライオンズ
【ぶりてぃっしゅあんどあいりっしゅらいおんず】㋡

イングランド・スコットランド・ウェールズとアイルランドというホームユニオンによる合同チームである。愛称は「ライオンズ」。1891年から第1回遠征が始まり、1910年に4協会全てが参加するようになった。基本的にワールドカップの間の年に4年に一度結成、南半球のニュージーランド、オーストラリア、南アフリカへ順次遠征する。エンブレムにはイングランドの薔薇、スコットランドのアザミ、ウェールズの羽根、アイルランドのシャムロックの4つが描かれる。4協会の選手にとってライオンズに選ばれるのは特別な栄誉のひとつとなっている。

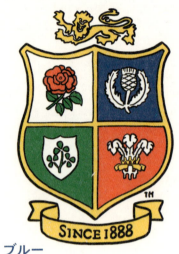

ブルー
【ぶるー】㋺

ケンブリッジ大とオックスフォード大の定期戦「バーシティマッチ」に出場した際に与えられる称号で、文武両道の証だ。

ブルームフォンテーンの悲劇
【ぶるーむふぉんてーんのひげき】㋴

1995年の第3回ワールドカップで、日本代表がニュージーランド代表に17－145で大敗した試合、開催地にちなんでこう呼ばれている。小藪修監督が率いられた日本代表は、すでに2試合で敗退、予選プール敗退が決まっていたが、オールブラックスは逆に、予選プール突破を決めており、先発メンバーを変更して臨んだ。日本代表はFL梶原宏之が2トライを挙げたが、相手の強さと巧さ、スピード、そして気迫に翻弄され145失点を喫した。145失点はいまだにワールドカップの最多失点記録となっている。

ブルーカード
【ぶるーかーど】試
レッド、イエローに続き、ニュージーランドの国内リーグなどで導入されたのが「ブルーカード」だ。レフリーにHIA（脳しんとうかどうかの確認）の際に提示される。

古谷一行
【ふるやいっこう】人
俳優。1944年生まれ。高校、大学時代とラグビー部に所属。中央大在学中に俳優座の研修生となる。金田一耕助シリーズで人気を博し、次々にヒット作に出演。息子はロックバンド「Dragon Ash」のボーカル降谷建志だ。

ブレイクダウン
【ぶれいくだうん】戦
接点（P.102参照）と同義。

プレースキッカー、プレースキック
【ぷれーすきっかー、ぷれーすきっく】試
ゴール（コンバージョン）キック、ペナルティキックと呼ばれるプレースキックを担当する選手のことを「プレースキッカー」と呼ぶ。キックの成功率が80％を超えると、世界的に見ても一流となる。特にプレースキックが上手い選手のことを「スーパーブーツ」と呼んで称えている。

ブレイブ・ブロッサムズ
【ぶれいぶ・ぶろっさむず】他
ラグビー日本代表は、もともと指揮官の名を冠して「○○ジャパン」や海外メディアには桜のエンブレムにちなみ「チェリー・ブロッサムズ」と呼ばれていた。「ブレイブ・ブロッサムズ（勇敢な桜の戦士たち）」という愛称になったのは、2003年ワールドカップの日本対スコットランド後のこと。11－32で負けたが、健闘した日本代表に対して地元紙「Bulletin」が「BRAVE BLOSSOMS」と称えた。また日本に住み、日本のラグビー情報を発信するイギリス人記者もウェブサイトで「BRAVE BLOSSOMS」という表現を使った。こうして「ブレイブ・ブロッサムズ」の愛称は世界中に浸透していった。

ブレディスローカップ
【ぶれでぃすろーかっぷ】㊩

「オールブラックス」ことニュージーランド代表と、「ワラビーズ」ことオーストラリア代表というライバルの対戦そのもののことで、両チームを行き来するカップのことも指す。1931年から、当時のニュージーランド総督ブレデイスロー卿にちなんだカップが勝者に贈られるようになった。その後、その年の勝利数で上回ったチームが毎年カップを保持することになり、2018年までは現在ニュージーランドが16年連続で保持している。両国以外では過去に香港と日本で両者の対戦が行われた。

プレミアシップ
【ぷれみあしっぷ】㊁

1987年から始まった、イングランドのプロラグビーリーグである。参加チームは12で、毎年9月から翌年の5月にホーム＆アウェー方式で対戦し、総勝ち点の多い上位4チームによりプレーオフで優勝チームを決定する。決勝戦はトゥイッケナム・スタジアムで行われるのが通例である。最下位チームは2部リーグにあたるRFUチャンピオンシップに降格してしまう。一方、上位6チームは欧州クラブ王者決定戦「ヨーロピアンチャンピオンズカップ」の出場権を得る。最多優勝はレスター・タイガースの10回。

PR体型＝あんこ型
【ぷろっぷたいけい＝あんこがた】㊩

プロップの選手たちはスクラムを最前列で組むというポジション柄、首も鍛えており、下半身が大きく、どっしりした選手が多い。まるでお相撲さんのように見える選手も。昔のPRはスクラムを組んでいれば良かったが、今ではラインアウトで味方を持ち上げる、ボールキャリアーとなる、ラックで相手をオーバーするなど仕事が多岐にわたり、やや、あんこ型の選手は少なくなってきた。

2019-20シーズンのクラブ所在地

① ロンドン・アイリッシュ
② セール シャークス
③ レスター・タイガース
④ ワスプス
⑤ ノーサンプトン・セインツ
⑥ ウスター・ウォーリアーズ
⑦ グロスター
⑧ サラセンズ
⑨ ハレクインズ
⑩ ブリストル・ベアーズ
⑪ バース
⑫ エクセター・チーフス

PRのノックオン、トライ
【ぷろっぷののっくおん、とらい】あ

PRの選手はポジション柄か、なかなかボールを持って走る機会は多くない。そのため、どうしてもノックオンすると悪目立ちしてしまって、ファンに「やっぱりPRだから…」と思われてしまいがちである。また、ボールを持たないため、なかなかトライすることも多くない。そのため、特に、FW第一列で一番大きな右PR（3番）がトライを挙げるとチームメイトもファンも大いに盛り上がりを見せる。

Pro14
【ぷろふぉーてぃーん】大

国や地域を越えて、スコットランド（2）、ウェールズ（4）、アイルランド（4）、イタリア（2）、南アフリカ（2チーム）の5ヶ国のクラブで行われているラグビーのリーグ戦である。元々は2001年にウェールズの国内プロクラブリーグを母体とし、スコットランドとアイルランドの地域代表プロチームを加えて「ケルティックリーグ（Celtic League）」として発足した歴史を持っている。2017年にスーパーラグビーから除外されたチーターズとキングスが加わり、「Pro12」から「Pro14」という名称になった。2019年現在は14のチームが参加している。7チームずつ2つのカンファレンスに分かれてリーグ戦を行い、上位各3チーム計6チームがプレーオフに進出し、優勝を争う。また上位クラブはヨーロピアンチャンピオンズカップの出場権を獲得する。最多優勝はアイルランドの強豪レンスターの5回だ。

pro14　2019年参加チーム

スコットランド
エジンバラ
グラスゴー・ウォーリアーズ

ウェールズ
ニューポート・ドラゴンズ
オスプリーズ
スカーレッツ
カーディフ・ブルーズ

アイルランド
レンスター
マンスター
コナート
アルスター

イタリア
ベネットン・トレヴィーゾ
ゼブレ

南アフリカ
サザン・キングス
チーターズ

ブロディー・レタリック
【ぶろでぃー・れたりっく】Ⓐ

1991年生まれのニュージーランドのラグビー選手。身長204cmを誇る。ポジションはLOだ。若い頃から頭角を現し、2012年にチーフスでスーパーラグビーデビューを果たすとその年の6月にオールブラックスに初めて招集される（2019年6月現在、75キャップ）。2014年にはLOサム・ホワイトロックとオールブラックスで不動のLOコンビとなり、その年のワールドラグビーにおける年間最優秀選手賞を23歳の最年少で受賞。2015年ラグビーワールドカップでは、主力選手のひとりとしてオールブラックスの優勝に大きく貢献。2019年ワールドカップ後は神戸製鋼でプレーする。

文武両道
【ぶんぶりょうどう】他

慶應義塾がルーツ校であるラグビーでは昔から進学校が強いことで知られ、かつては東京大学、京都大学も強豪だった歴史がある。現在では、高校ラグビーでも「文武両道」を謳う学校も多く、慶應義塾（神奈川）、早稲田実業（東京）、茗溪学園（茨城）、浦和（埼玉）、修猷館（福岡）、長崎北陽台（長崎）などがラグビーも強く、勉強にも励んでいる文武両道の学校として知られている。

平均身長、体重
【へいきんしんちょう、たいじゅう】他

チームを比較するとき、特にFWの平均身長、体重を比べる場合が多い。体重が重いチームの方が一般的にスクラムは有利で、平均身長が高いチームの方がラインアウトは有利になる傾向にある。ただ、あくまでも傾向であり、相手を分析し対応することで、その不利な状況を覆すこともある。

平成の怪物
【へいせいのかいぶつ】Ⓐ

藤田慶和は1993年生まれ、京都出身の選手だ。ポジションはWTB、FB。小学校3年時から伏見工卒の父が運営するラグビースクールで競技を始めた。高校は親元を離れて東福岡に進学。高校の3年間は、日本の

文武両道の高校ラグビー部

慶應義塾

ルーツ校の系譜に連なる高校。優勝2回の古豪。近年は好敵手・桐蔭学園に迫っている。

早稲田実業

中高大連携の下、近年、著しく強化が進んでおり、2018年度82年ぶりに花園に出場した。

茗溪学園

パスラグビーが伝統の茨城の進学校。1988年度には天皇崩御のため、両校優勝も経験した。

高校チームには負けなしで、花園では3年連続優勝を果たした「平成の怪物」である。大きなストライドからのランが魅力で、ハイボールキャッチも上手い。高校3年時に男子7人制ラグビー日本代表としてデビューを飾り、早稲田大に入学したばかりの4月に15人制日本代表デビュー（現在は31キャップ）し、最年少キャップホルダーとなった（いきなりデビュー戦で6トライを挙げた）。2015年ワールドカップにも大学生で選出、アメリカ戦でトライも挙げた。2016年からパナソニックに所属し、15人制代表にも選出されていたが、現在はセブンズ日本代表として東京五輪出場を目指している。

ヘッドキャップ＝ヘッドギア
【へっどきゃっぷ＝へっどぎあ】道

「ヘッドキャップ」「ヘッドギア」と呼ばれ、ラグビー独特の頭部や耳を保護する帽子状のもの。高校生以下は着用が義務のため各高校でお揃いのものをつけているのをよく見かける。大学生以上はつけなくてもいいが母校のものをつけている選手やプロ選手はカラフルなものをつけていてトレードマークにしている選手も。

ヘッドコーチ
【へっどこーち】ポ

ヘッドコーチ（Head Coach=HC）とは指揮官のことで、海外では単に「コーチ」、日本では「監督」とも。基本的にHCはグラウンドに関するすべてのことに携わるが、日本の監督の場合はHCとほぼ同じ仕事をしている人もいれば、ゼネラルマネージャー的な仕事もしている監督もいる。海外には監督に近い「ディレクターオブラグビー（Director of rugby）」という職もある。

県内随一の進学校。タックルとモールが武器。2013年度に54年ぶりに花園にも出場。

福岡トップクラスの進学校。公立校ながらラグビーもつよく、花園出場8回を誇る古豪だ。

進学校だが長崎北、長崎南山と並ぶ強豪。花園出場17回。「鉄になれ」がスローガンだ。

ペナルティゴール（PG）
【ぺなるてぃごーる】試

反則後にペナルティキックが入り3点が決まったことを指す。ペナルティゴールの頭文字を取ってPGともいう。

ペナルティトライ
【ぺなるてぃとらい】試

意図的なノックオンやモール＆スクラムのコラプシングなど、その反則がなければ相手のトライになったとレフリーに認めたとき、レフリーがゴールの真下に行き「ペナルティトライ」を認める。以前は真ん中からコンバージョンゴールを決めていたが、現在は、時間削減のためゴールキックが割愛されて、レフリーがペナルティトライを与える笛を吹いた瞬間に7点が加わる。トライを防ぐようなペナルティをすると、ペナルティトライと同時に、イエローカード（10分間の一時的退場）が出る場合がほとんどである。

ペナルティ＝反則
【ぺなるてぃ＝はんそく】試

「ずるい、危ない」大きめの反則をしたとき、レフリーから与えられるのがペナルティ（反則）だ。大きめの反則とは、プレーしてはいけない場所にいるオフサイド、倒れたままプレーに関与したり、相手のアタックを意図的に妨害したり、タックル後に離さなかったり、ハイタックルなど危険なプレーしたりした場合である。ペナルティ後は、プレースキックで3点（ペナルティキック）を狙ってもいいし、タップキックで素早くリスタートして攻めてもいい。タッチに蹴りだしたときはマイボールラインアウトになる。スクラムも選択することが可能だ。いずれにせよ規律を守り、ペナルティは少ない方がよく、2度、ペナルティを重ねるとピンチになってしまうことが多い。

ペナルティキック
【ぺなるてぃーきっく】試

相手のペナルティの後、その場所からH型のポールを狙うキックのこと。そのキックが入ると3点（＝ペナルティゴール）となる。ペナルティキックは狙う意志を示してから1分以内に蹴らなければいけない。相手が反則した地点ならどこからでも狙ってよく、世界的なロングキッカーの中には60mを決めた選手もいる。

ペネトレイター＝突破役
【ぺねとれいたー＝とっぱやく】他
FW、BKに関わらず突破役の選手を「ペネトレイター（penetorator）」と呼ぶ。大きかったり、強かったり、速かったりする選手が突破役を担う場合が多く、スクラム、ラインアウトといったセットプレーから1次攻撃は、まず、その選手にボールを預けることも多い。突破役が前に出てゲインすると攻撃がスムーズに行く場合が多い。

ヘラクレス軍団
【へらくれすぐんだん】他
ギリシャ神話の最大の英雄「ヘラクレス」の名を取り、特にFWが強いチームは「ヘラクレス軍団」と呼ばれてきた。1987年度、1989年度に大学選手権ベスト4に入った大阪体育大ラグビー部もそう。1995年度、1997年度に大学選手権でベスト4に入った日本大ラグビー部も同じように呼ばれた歴史を持つ。特に大阪体育大は今でもFWが強く、「ヘラクレス軍団」と表記されることが多い。

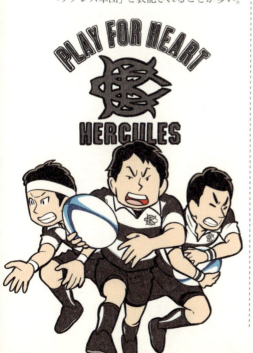

ヘルドアップインゴール
【へるどあっぷいんごーる】試
インゴールまでボールを持ち込んだが、相手にタックルを受けて体をコントロールされたり、手や足をインゴールと地面の間に入れられたりして、ボールをグラウンディングできなかった場合は「ヘルドアップインゴール」となる。そのときはアタック側の5mスクラムで再開される。

ベルナール・ラパセ
【べるなーる・らぱせ】人
1947年生まれ、フランス出身の元ワールドラグビー会長。税関勤務などを経て、フランスラグビー協会の職員となり、1991年にフランスラグビー協会の会長に就任、2007年フランスワールドカップの招致・開催に大きく尽力した。終了後にワールドラグビー会長に選出され、セブンズをオリンピック種目にするなど手腕を発揮した。2016年まで会長を務めて、現在は2024年パリオリンピックの副会長を務めている。

ベンチメンバー＝控え
【べんちめんばー＝ひかえ】ポ
先発（スターター）15人に対して、ベンチメンバー（控えの選手）は8人と決まっている（高校生は10人だったが15人に増えた）。FW第1列を必ず3人入れる必要があるが、一般的にはFWが5人、BKが3人のケースが多い。指揮官がベンチメンバーをどう起用するかは勝負の分かれ目となるケースも多い。

ポイント
【ぽいんと】戦
アタックの起点となるスクラムや接点（ブレイクダウン）などのことで、通称「ポイント」と呼んでいる。モールの場合もあるが、その多くがラックである。ポイントを起点に、攻撃回数であるフェイズを数える。

暴走機関車
【ぼうそうきかんしゃ】人

ジョナ・ロムー。1975年－2015年。ニュージーランドの元ラグビー選手。トンガ系の選手でオークランドに育つ。196cm、110kgを超えるFWのような巨漢WTBで、1994年に19歳でオールブラックスデビューすると、翌95年のワールドカップでは7トライを挙げ得点王に輝き、次の1999年ワールドカップでも8トライで連続得点王となった（南アフリカのブライアン・ハバナと並ぶワールドカップの最多トライ記録を保持者）。ディフェンスをなぎ倒して突破するプレー姿から「暴走機関車」「空飛ぶ巨像」などの異名をとり、世界のラグビーシーンに大きなインパクトを与えた。晩年はケガに苦しみ2007年に引退。2015年、40歳という若さでこの世を去った。代表キャップ63。

ホームユニオン
【ほーむゆにおん】他

ラグビーの母国はイングランドであるが、イングランドだけでなくイギリスを構成しているスコットランド、ウェールズ、そしてアイルランド（ラグビーの場合は北アイルランドも含んでいる）の4つの協会は「ホームユニオン」と呼ばれる。この4つの協会から世界にラグビーが普及していった。この4つにフランス、イタリアが加わり、毎年、「シックス・ネーションズ」が行われている。シックス・ネーションズでホームユニオンの1つのチームが他の3チームから勝利することを「トリプルクラウン」と呼ぶ。

ボールキープ＝キープ
【ぼーるきーぷ＝きーぷ】戦

ラックを連取してボールを継続（キープ）してアタックする戦術だ。ボールを奪われなければ、相手に攻められないため理にかなっている。ただ自陣でボールをキープして、ミスやペナルティをしてターンオーバーされるとすぐに得点に結びついてしまうため、どのエリアで、どのくらいボールキープするのかというエリアマネジメントも重要である。

ボーデン・バレット
【ぼーでん・ばれっと】人

1991年生まれ、ニュージーランド代表のイケメン選手。ポジションはSO。父親や兄の影響でラグビーを始めて、タラナキを経て2011年からハリケーンズでプレー、2012年にオールブラックスデビューを飾る。2015年のワールドカップもWTBやFBとして優勝に貢献。ダン・カーターがチームを去った後はSOとして黒衣軍団を引っ張り、2016年から2年連続ワールドラグビー最優秀選手賞受賞。弟のLOスコット、万能BKのジョーディーもオールブラックス。代表キャップ73。

ポジションを「FW」というと、点取り屋と勘違いされる
【ぽじしょんをふぉわーどというとてんとりやとかんちがいされる】あ

ラグビーをほとんど知らない人に「学生時代、ラグビーをしていた。FWだったんだ!」と言うと、サッカーのイメージが強く「点取り屋だったの?」と思われることもしばしば……。実際にはラグビーのFWの選手は、ボールを奪取し、泥臭く体を張りつつ、BKがトライを取るようにお膳立てすることが大きな役割、仕事となっている。

(ボール)ポゼッション
【(ぼーる)ぽぜっしょん】戦

自分たちがどれだけボールを持って攻撃したかというデータ(数値)があり、それが(ボール)ポゼッション、つまりボール支配率だ。ボールを持ち続けた方が有利な場合もある。ただ、ディフェンスが強く、相手のミスやターンオーバーした後、アンストラクチャー(セットプレーではない崩れた状態)からの速攻が得意なチームは逆にボールポゼッションが低くても勝つチームもある。どのエリアでどういったプレーをするのか、というテリトリー(エリア)を考えることも大事な要素である。

ボックスキック
【ぼっくすきっく】試

ラックやモール後、SHからの裏のスペースに蹴るキックを特に「ボックスキック」と呼んでいる。WTBなどを走らせてのハイパントキックのときもあれば、タッチライン際に相手のディフェンスがいない場合は転がしてタッチに蹴る場合もある。いずれにせよ、SHには必須のスキルのひとつとなっている。

ポッド(アタック)
【ぽっど(あたっく)】戦

FWとBK一体となったユニット(=ポッド。もともとはラインアウト用語だった。鯨などの群れを意味する)を、グラウンド全体に配置するアタック戦術のひとつだ。現代のラグビーでは多くのチームが「ポッド」を採用しており、相手ゴール前では「アタック・シェイプ」に変えるのがスタンダードになっていると言えよう。ポッドは「ボールは人より速い」という基本概念の下、2つ、3つとユニット(=ポッド)が増えていき、現在では4つのユニットが主流となり、日本代表やサンウルブズを始めとした世界中のチームが採用している。グラウンドの中央はFWのフロントファイブの選手が3人ずつ2つのユニットを組んで、両サイドにBKとFLやNo.8などバックローで突破力がある選手を組ませて配置する例が多い。どのポッドを攻めるという判断はSHだけでなく、ゲームコントローラーであるSOとFBの2人の役割であることが多い。

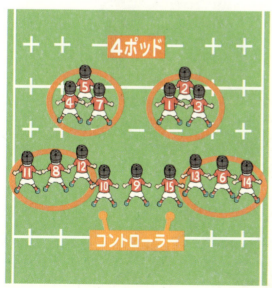

ホライズン（漫画）
【ほらいずん】🄵

菊田洋之による少年漫画。2001年4月から2002年7月まで週刊少年サンデーで連載。漫画家自身の出身地・千葉の高校を舞台にしたラグビー漫画。小柄で臆病な主人公が中学時代に勇気あるラガーマンたちに出会い、高校でラグビーを通じて自分を変えていく青春ストーリー。全7巻が刊行されている。

堀江翔太
【ほりえしょうた】🄐

1986年生まれ、大阪府出身の日本を代表する選手のひとり。大学時代まではバックローだったが、HOに転向し、三洋電機（現・パナソニック）で活躍し、2度のトップリーグMVPを受賞。何でもできる選手で、タックル、パス、ランとスキルもあり、近年は、スクラム、スローイングも向上した。日本代表としても2011年、2015年の2度のワールドカップに出場。2013年、レベルズで日本人FWとして初のスーパーラグビー選手となった。2016年にサンウルブズが参入すると、初代主将としてもチームを牽引。日本代表としては2019年ワールドカップを集大成にしたいと意気込む。ただラグビー選手は40歳まで続けたいとのことでトレーニングを欠かさない。音楽好きで、KEMURIと山崎まさよしのファン。自身も沖縄三味線、ギターを演奏する。愛車はワーゲンバス。代表キャップ58。

堀越正己
【ほりこしまさみ】🄐

1968年生まれ、埼玉出身の選手で現・立正大学ラグビー部監督。高校1年から競技を始め、SHとして頭角を現し、早稲田大進学後は日本一を経験し19歳で日本代表入り。神戸製鋼で1991年から1994年まで4回の日本一に貢献。代表26キャップ。引退後は立正大ラグビー部監督を務める。2014年4月に女子7人制ラグビーに特化したNPO法人「ARUKAS KUMAGAYA」の設立にも尽力した。

香港セブンズ
【ほんこんせぶんず】🄓

1976年から毎年春に香港で始まったセブンズの世界的な大会だ。世界中からファンが訪れることで知られ、チケットは毎年すぐに完売。特にサウススタンドはコスプレのファンで大いに盛り上がる。現在は男子のワールドシリーズの第7戦に組み込まれている。伝統的にフィジー代表が強い。

ラグビーのまち府中を知っていますか？

東京競馬場でも有名な東京都府中市。都心から近くて緑豊かな府中市は、なんと、ラグビーのまちでもあるのです。

なぜ府中はラグビーのまちなの？

「ワン・フォー・オール、オール・フォー・ワン*」。大学時代にラグビー部で主将を務めた高野律雄市長は、"お互いが支え合う"というラグビーならではの言葉が"まちづくり"のキーワードになると思っていたといいます。

そんなときに2015年のラグビーワールドカップイングランド大会が開催。この大会では府中に拠点を構える東芝ブレイブルーパスとサントリーサンゴリアスの多くの選手が日本代表として奮闘しました。その後、2019年大会が日本で決まり、近隣の東京スタジアムで試合も行われることに！ 市長の思いと府中市を取り巻く環境から、府中をラグビーのまちとして盛り上げていくことになったのです。

ラグビーのまちだけあって街中のメイン通りなどで選手に遭遇することも！ 現役ラガーマンを身近に感じられる点は大きな魅力です。また、"ラグビーのまち府中デー"などのイベントや府中市長杯争奪府中ダービーマッチなども開催され、いつも盛り上がりをみせています。ラグビー愛に満ちた府中。これは行かねば！

※ワン・フォー・オール、オール・フォー・ワンの詳細はp191を参照。

府中市のステキな取り組み

ラグビーのまち府中デーや府中ダービーマッチなどを開催！

市内のメイン通りを使ったイベントでは、選手と一緒に楽しめる催しがいっぱい！ 市長杯争奪のダービーマッチも毎回、スタジアムは大盛況です！

写真提供／府中市

赤ちゃんにもうれしいプレゼント！

ラガマルくんのイラスト入りのミニラグビーボール。2019年生まれで、府中市民になる赤ちゃんにプレゼント！

ラッピングバスも走っています！

市内を走る「ちゅうバス」もかっこよくラッピング。ワールドカップ仕様のレンジャーバージョンもあります。見かけたら超ラッキー!?

府中で立ち寄りたいおすすめスポット

183 FUCHU FAN ZONE with BEERTERIA PRONTO

食事やお酒などを楽しみながら、ラグビーをはじめとした府中の魅力に触れられる情報発信拠点施設！ 東芝やサントリーのサインジャージーの展示、大型ビジョンでのTV中継、選手トークショーなどの開催も！

東京都府中市宮町1-1-10
京王府中ショッピングセンター内2階
7:00-23:00(月－金)　8:00-22:00(土・日・祝)
無休

手打ちそば いし川

ラガーマンも訪れるという蕎麦店。北海道産の蕎麦粉を使った二八蕎麦と田舎蕎麦は絶品！ チーズと親子丼を組み合わせた「チーズ親子丼合わせ」(蕎麦付き)は選手にも人気の看板メニュー。

東京都府中市
美好町1-14-3
11:15-15:00(日曜日は11:00〜)17:00-21:00
月曜定休

府中朝日フットボールパーク

東京オリンピックのキャンプ地として使われるので、代表チームの公開練習を近くで見られるかも!?　ぜひ行くべし！

東京都府中市
朝日町3-7

ラグビーのまち府中のTwitterでは、府中市のラグビーにまつわる情報が発信されています！

https://twitter.com/rugbycity_fuchu

府中市マスコットキャラクター
ふちゅこま

協力／府中市

ま・や

マーク（フェアキャッチ）
【まーく（ふぇあきゃっち）】試

相手のキックを自陣22mラインの内側で直接キャッチし、「マーク！」と叫べばフェアキャッチとなり、マイボールのFK（PKと違い、タッチに蹴って出すと相手ボールのラインアウト）で再開される。

「前へ」
【まえへ】名

2018年度に22年ぶり13度目の大学日本一に輝いた明治大ラグビー部の精神的支柱となっている言葉が「前へ」である。67年にわたり監督を務めた故・北島忠治氏の遺訓となっており、特に1980年代から90年代にかけて「前へ」のスローガンの下、「重戦車」と呼ばれた強力FWで黄金期を築いた。

増保輝則
【ますほてるのり】人

1972年、東京都生まれの元日本代表WTBで現指導者。城北中でラグビーを始めて、城北高を経て早稲田大へ。切れ味のあるランとステップで1年から躍動し、当時最年少となる19歳3ヶ月で日本代表に選出。1994年に神戸製鋼に入り、数々のタイトル奪取に貢献。日本代表としては47キャップを誇り、1991年から3度のワールドカップに出場し、28トライを挙げた。引退後は指導者となり、神戸製鋼や女子セブンズチームの「ラガール7」の監督などを歴任。

松尾雄治
【まつおゆうじ】人

1954年、東京都生まれ。日本ラグビーを牽引した希代のSOで、記録にも記憶にも残る、天才肌の選手だった。立教大OBの父の影響で小学校から競技を始め、高校1年で成城学園高から目黒高（現・目黒学院）に転校、高3で花園準優勝。明治大に進学し、3年時にはSHとして日本代表に選出。直後にSOに転向し、明治大を大学選手権と日本選手権優勝に導いた。新日鐵釜石でも7連覇を含む8度の日本選手権制覇に貢献。代表でも24キャップを得た。特に1979年のイングランド戦（19－21）、1983年のウェールズ戦（24－29）は存在感を示した試合となった。1985年に引退。2004年から2012年は成城大の監督も務めた。現在は西麻布で会員制バー「リビング。」を経営しながら、キャスターやラグビーコメンテーターなどで活躍中だ。

松島幸太朗
【まつしまこうたろう】㊞

1993年生まれの日本代表FB。ランとステップに長けた万能BK。父親がジンバブエ人で母親が日本人。13歳の時に南アフリカでラグビーを始めて、ワセダクラブを経て桐蔭学園に進学。3年時に花園優勝。卒業後は南アフリカのシャークス・アカデミーで経験を積み、2013年に20歳で日本代表に初招集、2013年からサントリーに所属、優勝に貢献するなど活躍し2017年度はリーグのMVPに輝く。同時にワラターズ、レベルズ、サンウルブズでもプレー。2014年から代表の主力となり2015年ワールドカップにも出場。代表キャップは30を誇る。

マッチオフィシャル
【まっちおふぃしゃる】㊞

「マッチオフィシャル」とはいわば「審判団」。レフリー1名、アシスタントレフリー2名、TMOの計4人のことを指す。ほかにも交替指示者(サブコントローラー)などもレフェリーの資格を持っている人が務める。

マッチドクター
【まっちどくたー】㊞

マッチドクターとは試合で選手に起きたケガや負傷、脳しんとうなどに対応するドクターのこと。多くはトップリーグや大学などのチームのチームドクターも務めている。ワールドラグビーの資格を持った医者がワールドカップなど国際試合を担当する。選手の脳しんとうをチェックする「HIA」の判定もマッチドクターの仕事だ。

マドンナ(漫画)
【まどんな】㊞

くじらいいく子の漫画。1987年から1992年までビッグコミックスピリッツ(小学館)で連載、単行本は全22巻。工業高に赴任した新米女教師が、問題児だらけのクラスとラグビー部の顧問を任され、次第に情熱が芽生えて部員と花園を目指すストーリー。OVA化もされた。

魔法のやかん＝やかん
【まほうのやかん＝やかん】㊞

昔は選手が試合中に倒れると、やかんの水をかける習慣があり、それで回復して起き上がる選手も多かったため、そのやかんを「魔法のやかん」と呼んでいた。ただ、医学的には実証されておらず、現在ではもちろん推奨されていない。何かあったらしっかりドクターのチェックを受けよう。

ミス
【みす】(試)

ミスとはプレッシャーがない中での「単純なエラー（アンフォーストエラー）」のことで、ノックオンやキャッチミス、スローフォワードなどのことを指す。

箕内拓郎
【みうちたくろう】(人)

1975年、福岡県出身の元日本代表選手で現指導者。突破、ジャッカルなど力強いプレーが持ち味で、リーダーシップも合わせ持つNo.8だった。6歳から兄の影響でラグビーを始めて、八幡高1年まではBKだったが2年からNo.8に転向。関東学院大時代には4年時に大学選手権で初優勝。オックスフォード大に留学、ケンブリッジ大と対戦し「ブルー」を得る。1999年からNECでプレーし主将になるなど活躍、2002年には代表経験がないが日本代表の主将に任命され、2003年、2007年のワールドカップ両大会で主将を務めた。2010年にかつて兄もプレーしたNTTドコモに移籍し、引退後にコーチとなる。現在は日野のFWコーチを務めている。日本代表48キャップだが、キャプテンとして出場した試合が実に45試合と、歴代最多を誇る。キャプテンシーに長けた選手だった。

ミスマッチ
【みすまっち】(戦)

ラグビー以外のボールゲームでもよく聞く「ミスマッチ」という言葉。ラグビーの場合は、ボールを持った選手がWTBでマークする選手がPRだった場合や、ボールキャリアーが大きなFWの選手でマークする選手が小さなSHやWTBだった場合、「ミスマッチ」となる。攻撃側は戦術やサインプレーでミスマッチを意図的に狙う場合も多い。

宮崎・シーガイア
【みやざき・しーがいあ】(場)

宮崎にあるシーガイアは、正式名称は「フェニックス・シーガイア・リゾート」で、敷地内にはシェラトンホテルやゴルフ場もある、九州屈指のリゾート施設。古くはヴェルディ川崎、サッカー日本代表がキャンプ地に使い、2002年のサッカーの日韓W杯ではドイツ代表がベースキャンプ地として利用。その後も横浜Fマリノスなどのリーグチームがキャンプ地としている。ラグビーでは2011年ワールドカップに出場したジョン・カーワンHC時代から使い始め、エディー・ジョーンズ、ジェイミー・ジョセフと指揮官が変わってキャンプ地として利用し続けている。練習グラウンドとホテルの近さがウリで、温泉もある。2019年ワールドカップ時はイングランド代表も使用する。2019年6〜7月に日本代表が3度にわたって合宿する前に、ワールドカップ仕様のポールを立て、グラウンドも整備した。なお、ワールドカップ前にはジョーンズHCが率いるイングランド代表も使用する予定だ。

茗溪学園
【めいけいがくえん】(学)

1979年、東京教育大、筑波大などの同窓会である茗溪会が創立100周年記念事業として設立した茨城にある私立高。ラグビー部の名門校としても有名で、「花園」こと全国高校ラグビー大会には7年連続24回の出場を果たしている。ラグビーが男子の「校技」となっており、茗溪中学もラグビーが盛んなため、個々の選手のパス、ランのスキルが高く、パスラグビーが同校の伝統だ。1988年度、大阪工業大高(現・常翔学園)と両校優勝になったことでも有名だ。

明治
【めいじ】(学)

関東大学対抗戦に属する明治大ラグビー部は、1923年創部。リーグ戦と分かれた1967年以降優勝16回(2位)、大学選手権は13回(2位)、日本選手権1回優勝などを誇り、多くの日本代表選手を輩出。ファーストジャージーは紫紺でエンブレムはペガサスだ。明治と言えば、67年間も長きにわたり指揮官を務めた北島忠治監督の指導の下、「前へ」のスローガンを掲げ、強力なFWを前面に出して戦い80年代、90年代に黄金時代を築いた。ライバル早稲田大との「明早戦」は毎年12月の第1週目の日曜に開催。練習場は世田谷区八幡山にある。

明治22年ぶりの優勝
【めいじにじゅうねんぶりのゆうしょう】⦅事⦆

2018年度、前年度準優勝だった明治大が22年ぶりに大学選手権を制した。前年からヘッドコーチを務めていたOBの田中澄憲氏が監督に就任し1年目の快挙だった。関東大学対抗戦こそ慶應義塾大、早稲田大に敗れて4位だったが、大学選手権は立命館大、東海大と下して調子を上げて、準々決勝ではライバルの早稲田大に雪辱。決勝では天理大を22—17で下し優勝した。

メルローズカップ
【めるろーずかっぷ】⦅他⦆

セブンズワールドカップの優勝トロフィーの名称だ。セブンズは1883年、スコットランド南部メルローズという街にあったクラブの財政難を救うため、肉屋の店員が7人制のラグビーの大会を開催したことが発祥。そのため、1993年から始まったセブンズワールドカップの優勝杯は「メルローズカップ」という名がつけられている。

モール
【もーる】⦅試⦆

接点のひとつモールは、立ってボールを持っている選手に対して、さらに相手と味方の一人ずつが組み合った状態。つまりモールを形成するには味方2人、相手1人の計3人以上の選手が必要だ。モールが形成されると、敵も味方も最後尾からしか選手は加わることはできなくなる。横から加わったり、モールが形成された後に腰から下を引き倒して崩したりするとペナルティとなってしまう。ラインアウトからモールを組んでトライを狙うシーンはFWの見せ場のひとつとなっている。

元木由記雄
【もときゆきお】⦅人⦆

1971年、大阪府生まれ。元日本代表CTBで、現指導者。突破力に長けたCTBで、パスも上手く、タックルも強い選手だった。中学から競技を始め、花園では高校2年時に優勝（茗溪学園との同時優勝）。明治大に進学すると1年から頭角を現し、4年で3度の大学選手権優勝を経験。1994年に神戸製鋼に入ると日本選手権の7連覇に貢献。日本代表では1991年に初キャップを得ると、1991年のワールドカップから4大会連続出場。代表キャップは79。1996年、世界選抜であるバーバリアンズに選出、スコットランドに勝利。2009年度に引退し、U20日本代表ヘッドコーチを経て、現在、京都産業大ヘッドコーチ。

森喜朗
【もりよしろう】⦅人⦆

政治家。1937年石川県出身。第85、86代内閣総理大臣。金沢二水校時代にラグビー部主将を務め、スポーツ推薦で早稲田大に進学したが、体調を崩して3ヶ月で退部。新聞記者を経て1969年に衆議院議員となる。文部大臣や建設大臣などを歴任した後、2000年に第85代内閣総理大臣となった。ラグビーへの思いは強く、日本ラグビー協会会長、名誉会長などを歴任した。

ラグビー経験者でYASUDAを愛用していた人は、この黄色いラインに懐かしさを感じること間違いなし！

YASUDAのシューズ
【やすだのしゅーず】あ

かつてラグビーをしていた選手は2本のエクセルラインのロゴ「YASUDA」のシューズを履いていた選手も多いはずだ。「YASUDA」は1932年に「安田靴店」として創業。国産のサッカーとラグビーシューズメーカーとして、長い間、多くのフットボール選手を足元から支えてきた。2002年に倒産して一度は姿を消したが、2018年にファンと一緒に創り出すクラウドファンディングで復活し再びグラウンドを駆け回る。（→P.63）

安村直樹
【やすむらなおき】人

1988年生まれの日本テレビ放送網のアナウンサー。小学生の時にラグビーを始め、青山学院高等部から慶應義塾大に進学、在学時は体育会ラグビー部に所属し、主にバックスでプレーした。2012年、ラグビーの実況がしたい！と日本テレビに入社。バラエティ番組を中心に活躍しつつもラグビーの実況も担当。夫人は慶應義塾大ラグビー部の元トレーナー。2018-19シーズン、トップリーグアンバサダーに就任した。

矢野武
【やのたけし】人

フリーアナウンサー、MC。1968年生まれ、愛知県出身。名城大附属高時代にラグビー部に在籍した。もともと俳優だったが、格闘技やプロレスの実況、MCへと転身し、次第にスポーツ実況がメインのアナウンサーとして知られるようになる。ラグビーではJSPORTSの実況を長く担当し、2015年ワールドカップの日本代表対南アフリカ代表戦中継で試合終了間際の「スクラム組もうぜ！」のコメントが話題となった。

山口良治
【やまぐちよしはる】Ⓟ

1943年、福井県生まれ。「泣き虫先生」の愛称で知られるラグビー指導者だ。若狭農林高からラグビーを始め、日体大へ進学。FLとしてプレーするだけでなくキッカーとして活躍し、日本代表にも選出。卒業後は教諭となり、1975年から伏見工業（現・京都工学院）ラグビー部の監督に就任した。最初の試合で0-112と敗れたチームを1980年度に花園優勝に導いた。山口監督の熱い指導が反響を呼び、テレビドラマ「スクール☆ウォーズ」の主人公のモデルにもなった。元日本代表の故・平尾誠二氏、大八木淳史氏ら多くの日本代表を教え子に持つ。

山下真司
【やましたしんじ】Ⓟ

1951年生まれの俳優。山口県出身。1979年、ドラマ「太陽にほえろ」のスニーカー刑事役で脚光を浴びた後、1984年、教師役で主演した「スクール☆ウォーズ」が大ヒット作となった。自身も体を鍛えたり運動したりすることが好きだという。現在もラグビーとの関わりも多く、JSPORTSのドキュメンタリーのナビゲーターも務めたりCMに出たりとラグビー関連の仕事も多い。

山田章仁
【やまだあきひと】Ⓟ

1985年福岡県出身のラグビー選手。5歳からラグビーを始めて、小倉高から慶應義塾大へ進学。大学時代からエースWTBとしてスタジアムを湧かせてきた。Hondaを経て2012年からパナソニックに移籍し、いきなり20トライを上げてトライ王になる活躍を見せた。またプレーオフで3度のMVPに輝くなど大舞台で無類の強さを発揮、パナソニックのタイトル奪取に貢献してきた。2019年度からNTTコミュニケーションズに移籍。2013年に日本代表初キャップを得て、2015年ワールドカップでも3勝に大きく貢献した。かつてはアメフトにも挑戦した「二刀流」選手としても有名。アメリカ人でモデルのローラ夫人とともにメディア露出も多い。現在は男女の双子の子どもとともにハワイ在住。日本代表キャップ25。

山中湖
【やまなかこ】場

菅平高原、網走がラグビーの夏合宿のメッカだが、一部の学校は山中湖でも行う。中でも一番有名なのが、ルーツ校・慶應義塾大だ。夏は菅平で練習をする前に、Aチームが2週間にわたって山中湖にある「慶應山荘」で3部練習や走り込みなどの厳しい合宿をする。そのため「地獄の山中湖合宿」と慶應義塾大の部員には恐れられている。

ユーミン
【ゆーみん】人

松任谷(旧姓・荒井)由実。1954年生まれのシンガーソングライター。東京都出身。1972年、多摩美術大学在学中にデビューし「ひこうき雲」「守ってあげたい」などの大ヒットを数多く飛ばした。またエンターテイメント性の高いライブも有名で、日本を代表する女性アーティストのひとりとなった。1984年12月に発売した16枚目のアルバム「NO SIDE」にはラグビーにちなんだ楽曲「ノーサイド」も収録されている。

雪の早明戦→早稲田優勝
【ゆきのそうめいせん→わせだゆうしょう】事

1923年に始まった関東大学対抗戦の伝統の「早明戦」の中で、最も有名な試合のひとつが1987年12月6日の「雪の早明戦」だろう。前日からの積雪があったが、関東協会関係者や大学と高校のラグビー部員の懸命な雪かきにより、試合が実現した。6万人を超える観客の中、両チームが死闘を演じて、早稲田が明治の猛攻を防ぎきり10—7で勝利して全勝優勝を達成した。早稲田大はそのまま大学選手権の決勝で同志社大も倒し優勝、さらに日本選手権でも東芝を倒して日本一に輝いた。1年生ながら早稲田大のSH堀越正巳、WTB今泉清、明治のWTB吉田義人らと、その後、日本代表を引っ張ることになるルーキーたちも躍動した。

ゆず・岩沢厚治
【ゆず・いわさわこうじ】(人)

フォークデュオ・ゆずのメンバーでサブリーダー。高音パートを担当。1976年、神奈川県出身。小、中学校時代の同級生だった北川悠仁と1996年に結成し路上ライブを行い、徐々に人気を博すようになった。県立富岡高(現・金沢総合高)時代はラグビー部に所属し、第80回全国高校ラグビー大会の主題歌「日だまりにて」、ラグビーワールドカップ2003の応援ソング「威風堂々」を発表するなど、現在も音楽を通じてラグビーとつながりを持っている。

ユニオン
【ゆにおん】(他)

「ユニオン(Union)」はまたは「ラグビーユニオン(rugby union)」は、英語で15人制ラグビーを指す言葉。リーグ(ラグビー＝13人制ラグビー)に対し、15人制ラグビーは世界的にユニオンと呼ばれる。また、ラグビーにおいては、「日本ラグビーフットボール協会」の英語訳も「Japan Rugby Football Union(省略するとJRFU)」となるように、「○○協会」は一般的に英語では「○○ユニオン(union)」と呼ばれている。

ユニット練習
【ゆにっと】(戦)

英語では「集団」という意味の「ユニット(unit)」は、ラグビーの練習ではよく使われる言葉だ。ユニット練習と言えばFWとBKに分かれ、それぞれに特化した練習をすること。FWはスクラム、ラインアウトを行うことが多く、BKはセットプレーからのサインプレーやスキルを練習することを指す。

吉田義人
【よしだよしひと】㊗

1969年、秋田県生まれの元選手、現理事長。小学校3年からラグビーを始め、秋田工を経て、明治大に入部。19歳で日本代表入り。明治大4年時は主将として大学選手権で優勝を果たす。世界選抜にも日本人として唯一3度選抜。世界選抜としてオールブラックス戦で決めたダイビングトライはラグビー史上伝説となる。日本が世界に誇る韋駄天だった。31歳のとき、日本人で初めてフランス1部リーグのプロ選手にもなった。横河電機ではヘッドコーチ、明治大などでも監督としての手腕を発揮し、現在では子どもたちへ指導やラグビーの普及活動に注力する傍ら、7人制ラグビーチーム「サムライセブン」でも監督を務める。日本代表キャップ30。

「4年に一度じゃない。一生に一度だ。-ONCE IN A LIFETIME-」
【よねんにいちどじゃない。いっしょうにいちどだ。わんすいんあらいふたいむ】㊤

ラグビーワールドカップ日本大会の公式キャッチコピーである。ラグビーを観戦したことがないような人々が関心を持ち、スタジアムで観戦してもらうために使用されている。2019年のワールドカップは伝統国以外で初めて、また、日本だけでなくアジアで初の開催であり、新たな歴史を作る大会として、このキャッチコピーが採用された。スタジアムで、一生に一度の熱狂と興奮を感じ取ってほしいという思いが込められている。

みなとラグビーまつり＆
サンウルブズ戦に行ってきました

東の聖地周辺が熱かった！

多くの人で賑わう東京都港区のみなとラグビーまつりと、同日開催されたサンウルブズ戦にラグビー初心者が参戦！右も左もわからなくても楽しむことはできたのか⁉

午前

祭り＆観戦日和の快晴！
2019年6月1日。お天気にも恵まれたみなとラグビーまつり。青山一丁目から外苑前へと向かう。絵画館前の銀杏並木あたりは静かだったが、スタジアム通り前には10時半頃にはすでにたくさんの人が。

シールやキーホルダー、クリアファイルなどがもらえちゃいました。

ワールドカップ開催まであと111日！

活気あふれるまつり会場！
スタジアム通りにはワールドカップ開催地のブースや物販、体験などの多くのブースがずらりと並び、人、人、人!! ラグビークイズやスタンプラリーがありラグビーグッズのプレゼントも！ステージ上ではラグビートークなどが行われ、こちらも大盛り上がり。

午後

ビッグジャージベアラーのオープニングもあり、このあとキックオフ。

熱いファンの方が多そうな北側のスタンドは立ち見。

売店にはがっつり食べられるメニュー多し。食事はハーフタイムではなく、試合中にササッといくのが◎

スタジアムへGO！
14時15分にキックオフとなるサンウルブズVSブランビーズを前にスタジアムに。試合前のウォーミングアップの様子を見ているだけで、ワクワク感がどんどんアップ！

試合観戦
試合開始早々、サンウルブズがトライ！ルールがわからないながらもまわりの空気に流されながら応援。観戦席が「にわかラグビーファン」たちが集う席だったのでルールブックを見てみる。

感想 ラグビーまつりもスタジアムでのラグビー観戦も、初心者でも十分に楽しめる！ルールがわからなくてもいいので、足を運んでみてほしい！

ら・わ

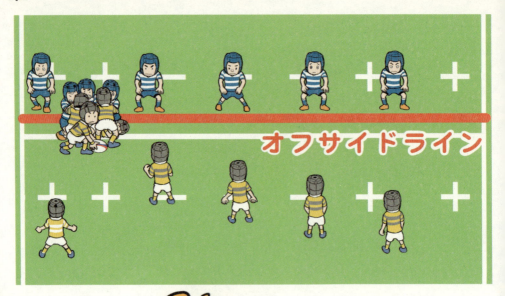

オフサイドライン

ら

ライガーくん
【らいがーくん】マ
トヨタ自動車のマスコットだ。スタジアムでいつも元気いっぱいパフォーマンスを見せている。チーム名「ヴェルブリッツ（緑の稲妻）」にちなみ、風神がモチーフ。出身地は雷雲の中、年齢はなぜか2億7万歳くらい。

ラインアウト
【らいんあうと】試
ボールがタッチラインを割ったとき、相手ボールで試合が再開する（ペナルティ後のキックは蹴った方のボールとなる）が、その方法がラインアウトである。サッカーのスローインのように主にHOが投げ入れるが、1mの間隔を空けて両チームとも一列に並ぶ（並ぶ人数は投げる方が決められる。2人以上）。サインプレーで動き、自分たちが投げたボールを確保する。アタック時は起点のひとつとなる。

ラインオフサイド
【らいんおふさいど】試
ラックやモールが成立すると、一番後方にいる選手を基準にオフサイドラインが形成される。その（目には見えない）オフサイドラインより前にいる選手がプレーに関与した場合が「ラインオフサイド」となる。相手に攻撃で押し込まれ、ついつい、ディフェンスの選手は下がらず、オフサイドの位置からプレーしてしまうとペナルティになる。

ラガマルくん
【らがまるくん】マ
ラグビーを応援したい、ラグビーファンを増やしたいと、M87楕円銀河にある「楕円球」という星からやってきた未確認生物。本名は「Ragamarc（ラガマルク）15世」という元気な男の子で、「ラガーマン×ラガール」でラガマルくんという愛称になったという。2017年の5月のスーパーラグビーでデビュー。特技は耳をパタパタさせること（P182-183にインタビューあり）。

ラグビーウィークリー
【らぐびーうぃーくりー】㊙

ラグビーワールドカップや東京五輪を控えて、2012年からBS朝日で毎週月曜日の23時30分から放送している、ラグビー情報番組。すでに7周年を迎えている。日本代表、サンウルブズ、大学、女子ラグビーといった各試合のダイジェスを放送。また選手や学校の素顔に迫ったドキュメンタリー「ワイルドな奴」を放送する回もある。番組公式twitterでも最新情報を提供している。

ラグビー界の「レアル・マドリード」
【らぐびーかいのれある・まどりーど】㊗

フランスの「TOP14」に属するRCトゥーロンの異名。2006年にバンド・デシネ（仏語圏の漫画）で財を成したムラド・ブジャレル会長が就任し、タナ・ウマンガ、ジョニー・ウィルキンソンら世界の大物を次々と獲得し欧州のクラブ王者決定戦で3連覇を達成するなど世界有数のクラブに成長。ラグビー界の「レアル・マドリード」とも呼ばれる。2016-17シーズンは元日本代表の五郎丸歩も在籍したことで知られる。

ラグビーカルタ
【らぐびーかるた】㊙

2016年、17年の早慶戦で配られたラグビーのあるあるカルタ。当時の両校のサプライヤーのアシックスが製作した。

ラグビー憲章（品位・情熱・結束・規律・尊重）
【らぐびーけんしょう（ひんい・じょうねつ・けっそく・きりつ・そんちょう）】㊙

コンタクトスポーツでもあるラグビーは試合中でも相手を称えて、試合が終わればノーサイド。そして応援するファンも敵味方なく、相手を称える。そんなラグビーという競技において、2009年にワールドラグビーが「ラグビー憲章」で5つの核となる価値観（コアバリュー）を定めた。ラグビーをプレーするにあたり大事にしなければいけない5つの要素で、それは「品位、情熱、結束、規律、尊重」である。

ラグビー校
【らぐびーこう】㊙

1823年に、イングランド中部・ラグビーの街にあるパブリックスクールのラグビー校のエリス少年がボールを持って走ったという伝説がラグビーの起源とされている。そのため、ラグビーという競技は、この高校の名前がそのままついた。またラグビー校のエンブレムが赤いバラのため、イングランド代表のエンブレムも赤いバラになったと信じられている。ラグビー校は現存しており、早稲田実業と交流している。グラウンドの脇にはラグビー発祥の地を示すプレートもある。

ラグビー日本代表
【らぐびーにほんだいひょう】㊛

1930年のカナダ遠征時に初めて編成された、日本でラグビーをしている選手たちを代表するチーム。ジャージーは国旗にちなんで赤と白の段柄だ。2019年までワールドカップには9大会連続出場中でアジアをリードしてきた。オールジャパンやジャパンとも呼ばれていたが、他の競技に先立ち、代表チームのことを指揮官の名前を取って1980年頃から「宿沢ジャパン」などと呼ぶようにもなった。日本代表としてテストマッチに出場するとキャップがもらえる。1930年から代表になった選手は600人を超える。

ラグビーバー
【らぐびーばー】㊙

全国にはラグビー専用のスポーツバーやレストランが存在する。高田馬場の「ノーサイドクラブ」、横浜の「セブンオウス」、大阪の「ラグビー部 マーラー」、東大阪の「花園ラグビー酒場」、神戸の「サードロー」などがそうだ。ビールを飲みながら観戦やスタジアムの帰りなどに立ち寄ってみては。

ラグビーはジェントルマンによるフーリガンの試合
【らぐびーはじぇんとるまんによるふーりがんのしあい】㊛

イングランドでラグビーという言葉を喩えた言葉だ。ラグビーはボール競技であるが、タックルで相手を倒したり、スクラムを押したり、ラックで相手をはがしたりと格闘技の要素も多く含まれる。それをサッカーの暴力的なサポーターである「フーリガン」になぞらえた。ただ試合がひとたび終われば選手たちは互いを尊敬し、握手をする紳士(ジェントルマン)に戻るというわけだ。

ラグビーは少年をいち早く大人にし、大人にいつまでも少年の魂を抱かせる
【らぐびーはしょうねんをいちはやくおとなにし、おとなにいつまでもしょうねんのたましいをいだかせる】㊛

フランス語だと「Le rugby permet aux enfants de jouer comme des grands et aux adultes de redevenir des enfants.」元フランス代表のジャン・ピエール・リーブにより、日本のTVのCMでも引用された有名な言葉だ。少年はラグビーを通してリーダーシップや集団での規律を学び、大人がラグビーをやっても少年時代にボールを追った思いを抱かせるという意味だ。ただイギリスでは「ラグビー」を「サッカー」に変えた表現も使われており、フットボール全体に共通している言葉のようだ。

ラグビーは紳士のスポーツ
【らぐびーはしんしのすぽーつ】他

もともとイングランドのパブリックスクールが起源のスポーツだけに、「ラグビー憲章」にある通り、ラグビーをする選手はコンタクトスポーツだからこそ、相手を敬い、ルールに則り、規律を守る……紳士でなければならないという意味である。

ラグビーはどんな天候でも試合続行。でも雷は試合中断
【らぐびーはどんなてんこうでもしあいぞっこう。でもかみなりはしあいちゅうだん】あ

野球などの他の競技は雨で中止になるがラグビーは行われる。雪が降ってもラインが見えるようにして競技を行う。そのため「どんな天候でも行われる！」と思っている人も多いはず。確かにそうだが、大雪でファンの来場が厳しいときは中止され、雷が鳴れば中断や休止となる場合も。

ラグビー部に入部したが、いつのまにか筋トレばかりやってしまう
【らぐびーぶににゅうぶしたが、いつのまにかきんとればかりやってしまう】あ

高校や大学でラグビー部に入り、ラグビーよりもウェイトトレーニングに熱中するあまり、誰よりも筋肉隆々になってしまう選手が一人くらいいる。だんだん、プロテインにもこり出して、鏡の前でポージングする人も？

ラグビーボール
【らぐびーぼーる】道

ラグビーボールは楕円球で、試合で使われる5号球は、縦が74〜77㎝、横が58〜62㎝、直径が28㎝〜30㎝、重さは410〜460gだ。もともとは豚の膀胱を膨らませて作ったため、楕円球になったという逸話があり、昔は今よりも球に近く、投げやすさ、蹴りやすさから今の形におちついた。

ゆるくても応援には気合い入ってます!!

本人?に突撃!インタビュー

ラグビー応援キャラクター
ラガマルくん

スタジアムやイベント会場で愛くるしい笑顔と、上下動く耳でラグビーファンや子どもたちを楽しませているマスコットの「ラガマルくん」。どんな思いでラグビーを応援しているのか、そしてどこから何のために来たのかなどの謎に迫った!

── まず簡単に自己紹介をお願いします!
「楕円銀河」にある、「楕円球」というラグビーが盛んな惑星から来た男の子ラガ。本名はRagamarc 15世だけど、みんなからは「ラガマルくん」って呼ばれているラガ。

── どうして日本にやってきたの?
2015年のワールドカップの日本代表対南アフリカ代表戦を見てすごく感動したラガよ。それで2019年に日本でワールドカップがあるし、これは自分が盛り上げなきゃいけないって思ったラガ。

── いつから日本で活動しているの?
まず2016年にtwitterを始めたラガ。それから2017年の5月27日にスーパーラグビーのチーターズ戦で大好きなサンウルブズの応援に駆けつけたのがみなさんの前に最初に登場した時ラガよ。

── 応援しているチームや好きな選手は?
ボクは日本のラグビーを応援しているから、日本代表、サンウルブズはもちろん、トップリーグも含めてすべてのチームのファン。だから選手もみんな応援しているラガ。

── ラグビーの経験はあるの?

ラグビーはボクの惑星のみんながやっている競技ラガ。いわば国技みたいなものだから当然ボクもラグビーは得意ラガ。フォワードだって、バックスだってどんなポジションでもこなせるラガよ。

──主にどんな活動をしているの？

2018年6月23日に東京都調布市から「ラグビー応援アンバサダー@調布」を、2018年12月23日に東京都府中市から「ラグビー応援アンバサダー@府中」を任命してもらったラガ。今は東京を中心にラグビーの応援に行っているラガ。だけど、ボクはたくさんの人にラグビーを好きになってもらいたいから、日本全国どこでも行きたいラガ。

──一番嬉しい時は？　悲しい時は？

ボクはラグビーを盛り上げたくて日本にやってきたラガ。だから、ボクを通してラグビーに興味を持ってもらったり、ラグビーファンになってくれる人が一人でも増えたらとても嬉しいラガ。「ラガマルくんのおかげでラグビーと出会えた！」って言ってもらえたら最高ラガ！　悲しいのはもちろん試合に負けた時ラガ。本当に悔しいラガよ。

──2019年ラグビーワールドカップではどんな活動をするの？

頑張って応援するラガ。でもどこへ行こうかまだ悩み中。ファンゾーンとかでみんなと盛り上がりたいけど、やっぱりボク自身ラグビー選手でもあるから、スタジアムで試合もたくさん見たいラガよ。

──今後の夢は何？

今後は日本だけじゃなく、世界で活躍するラグビーキャラクターとして海外にも羽ばたきたいラガ。「ラグビーと言えばラガマルくん」と言われるようになりたいラガ。妹もやってきたし、これからは2人でも頑張るからみんなよろしくラガ！

> **ラガマルくん**
> 2018年6月、「ラグビー応援アンバサダー@調布」に就任。調布や府中のラグビーのアンバサダーとしても活動中。

こんなグッズも人気！

缶バッヂ

ポピュラーなラガマルくんグッズのひとつだろう。大きめのサイズなので、バッグにつけてアクセントに！

ぬいぐるみ

いちばん人気のぬいぐるみ。キーホルダーになっていて、持っているだけで癒される！大きさは約13㎝。

エコバッグ

ラガマルくんがプリントされたエコバックだ。このバックを持って、ラグビー会場に出かけよう！

提供／ラグビーマガジン編集部

『ラグビーマガジン』
【らぐびーまがじん】⽂
ベースボール・マガジン社が発行するラグビー専門雑誌。略称「ラグマガ」。1972年よりベースボール・マガジン社から発行され続けている。当初は季刊誌だったが、1975年に月刊化。毎月25日発売。毎年8月末発売号にはトップリーグ名鑑、9月末には大学ラグビー名鑑、12月には全国高校ラグビー名鑑、2月末にはスーパーラグビー名鑑の付録がつく。

ラグビーワールドカップ
【らぐびーわーるどかっぷ】⼤
1987年から始まったラグビー最強国決定戦が「ラグビーワールドカップ」だ。優勝杯はラグビーの起源とされる少年の名を取り「ウェブ・エリス・カップ」と呼ばれる。1987年に第1回が行われたが、当初はIRB（現ワールドラグビー）主催ではなく、予選もなかった。その後は4年間隔で行われるように、1991年の第2回大会以降はIRB主催で、予選も行われるようになった。2019年日本大会が9回目だ。第1回と第7回、第8回大会と計3回ニュージーランドが優勝し、南アフリカ、オーストラリアが2回ずつ、イングランドが1回と優勝国は4カ国のみ。

ラグビーワールドカップアンバサダー
【らぐびーわーるどかっぷあんばさだー】他
ラグビーワールドカップ2019組織委員会が、ワールドカップに向けて、ラグビーやワールドカップの魅力を広く伝えるために任命した元日本代表選手たち。2013年から活動しており、伊藤剛臣、大畑大介、菊谷崇、桜庭吉彦、田沼広之、増保輝則、松田努、元木由記雄、廣瀬俊朗ら桜のジャージーを着て活躍した名選手が名を連ねている。

ラグビーを生んだ伝説の男
【らぐびーをうんだでんせつのおとこ】人
1807年にイングランドで生まれ、1823年、ラグビー校でフットボールの試合中、ボールを持って走り、ラグビーの起源を作ったというウェブ・エリス。その銅像はラグビー校の前にも飾られれている。もちろん、エリス自体はもちろん実在の人物である。ラグビー校を卒業した後、オックスフォード大に進学、牧師となり1873年に死去。墓はフランスにある。

ラック

【らっく】試
ラックはタックル後、ボールが地面にあり、攻撃側も防御側の両方の選手たちがボールの上で1人以上ずつ組み合うと成立。また、2018年より、タックル後は1人でもボールの上をまたいだらラックが成立するようになった。攻撃側はボールを取られないように攻撃を試みる。意図的にラックを連続するとアタックにテンポやリズムが出てくる。ディフェ

ンス側は、隙があればジャッカルや乗り越えてボールを奪い返そうとする。ただしラックが成立したら手を使うとハンドのペナルティに。またラックが成立すると関与している両側の最後尾の選手の足がオフサイドラインになり、それよりも前にいる選手がプレーに関与するとオフサイドの反則となる。

ラン
【らん】試

ボールを持って走ること。ボールを持ったら何でもできるが、まず、相手ディフェンスに隙があったり、スペースがあったりしたらランをしてボールをインゴールに近づけたい。ボールを持って走ることを（ボール）キャリーという。

ランパス
【らんぱす】他

選手が何人かが横に並んで、パスしながら走ること。あまり試合に結びついた練習ではないが、フィットネストレーニングの定番となっている。

真夏の暑い中、何十本もやって、トラウマになっている選手もいるはず。ラグビー部の夏合宿の締めは、全員でのランパスというチームも多いのでは。

リーグ（ラグビー）
【りーぐ（らぐびー）】他

ラグビーとサッカーが袂を分かったあと、ラグビーは1895年、アマチュアの15人制ラグビーの「ユニオン」と、プロ化を進めた13人制ラグビーの「リーグ」に別れた。13人制ラグビーではスクラムは形式上あるだけ。タックルで6回相手を倒す（背中を地面につける）と攻撃権は相手に移るため、リーグ出身の選手はタックルが上手い。リーグのアタックやディフェンスのシステムがユニオンに入ってくることはしばしば。

リーチ マイケル
【りーちまいける】人

1988年、ニュージーランド出身の日本代表選手だ。ボールキャリーと運動量に長けたFL／No.8で、2011年、2015年のワールドカップに出場し2015年大会は主将として3勝に貢献した。2019年ワールドカップでも主将を務める予定だ。父がニュージーランド人、母がフィジー人。札幌山の手高校へ入学、東海大学、東芝と日本で研鑽を積んできた。大学の同級生と結婚し、日本国籍も取得。U20日本代表時代もキャプテンを務め、7人制日本代表でもプレーし、大学2年時に15人制日本代表に初選出された。3年間、ニュージーランドのチーフスにも在籍し、2018年からサンウルブズでもプレーしている。日本代表の中核として、今後も活躍し続けるはずだ。分倍河原にNZスタイルのカフェ「Cafe+64」も経営。代表キャップは59を誇る。

リオ五輪で男子セブンズ日本代表がNZを撃破
【りおごりんでだんしせぶんずにほんだいひょうがにゅーじーらんどをげきは】㋳

2015年のワールドカップでの南アフリカ代表撃破に続いて、翌年、日本ラグビーが世界に衝撃を与えた。それは2016年8月、リオデジャネイロ五輪で男子セブンズ日本代表が、予選プール初戦でニュージーランドを14−12で撃破。勢いに乗った日本代表は準々決勝でフランスを破り、準決勝でフィジーに敗れ、3位決定戦で南アフリカに負けて4位と惜しくもメダルに届かなかった。

リスペクトザキッカー
【りすぺくとざきっかー】㋐

英語で書けば「Respect the kicker」、つまり「キッカーに敬意を（示してお静かに）」という意だ。近年、ラグビーでもプロ化が進みホーム＆アウェイの意識が高まり、フランスのプロリーグやスーパーラグビーではアウェイの選手がキックをするときにブーイングが聞こえる場合も。テストマッチではまだ相手チームのキッカーに敬意を示して観客が静かになるが、このラグビーならではの文化はずっと続いてほしいものだ。

リザーブ
【リザーブ】㋺

リザーブとは「控え」、「ベンチメンバー」とも言われる、先発15人以外の8人の選手たちのこと。かつてラグビーは交替が認められていなかったが、ケガ人が出た場合のみ交替できるようになり、現在では「戦術的入替」も認められるようになった。2012年からリザーブが7人から8人となって、先発とリザーブの計6人がPRやHOのフロントローができる選手がいなければいけないという規定ができた。

リッチー・マコウ
【りっちー・まこう】㋐

1980年生まれ、ニュージーランドの元ラグビー選手だ。タックルとジャッカルが上手く、キャプテンシーに長けた闘将で、2001年に代表デビューを飾り、2011年と2015年ワールドカップで「オールブラックス」ことニュージーランド代表を優勝に導いた。農家の息子として生まれ、ラグビーの名門オタゴボーイズ高からカンタベリー大を経て強豪のクルセイダーズに入団。クルセイダーズでも大活躍し主将を務めた。世界最優秀選手も3度受賞した。引退後はヘリコプターのパイロットになった。代表キャップは148を誇る。

リポビタンD＝大正製薬
【りぽびたんでー＝たいしょうせいやく】㊩

大正製薬は2001年より「日本代表オフィシャルスポンサー」、2002年からは海外の代表チームなどを招いて日本代表が対戦する「リポビタンDチャレンジカップ」の冠スポンサー、2016年より日本代表オフィシャルパートナーを務めるなど、日本ラグビーを支援し続けている。日本代表がワールドカップ以外で試合をするときはジャージーに大正製薬のドリンク剤「リポビタンD」の表記が入る。いずれにせよリポビタンDはラグビー日本代表と切っても切れない関係である。

ルーティーン
【るーてぃーん】㊩

ルーティーンはもともと「決まり切った手順、所作」という意味で、ルーティーンワークという言葉も浸透していた。ラグビーではプレースキックを蹴る前などに決まった動作を行う選手がいる。

ループ (プレー)
【るーぷ (ぷれー)】㊀

パスをした選手がパスをした方向に走り、パスを受けた選手から再びパスをもらうプレーだ。9、10や10、12の選手の間で行われることが多い。前に出るディフェンスに対応するときや、外側のスペースを突くとき、外側にオーバーラップを作りたいにときなどに使われる。

ルーツ校
【るーつこう】㊩

その競技の起源となる学校を「ルーツ校」と呼ぶ。ラグビー自体であればイングランドの「ラグビー校」で、日本では1899年、日本でラグビーを初めて行った慶應義塾である。

レイトタックル＝アフタータックル
【れいとたっくる＝あふたーたっくる】㊩

ラグビーではボールを持っている選手にしかタックルできないのが原則である。相手がパスしたと同時ではなく、パスをした後に、明らかにボールを持っていない状態の選手にタックルするともちろん反則となってしまう（パスをキャッチする前も同様だ）。そのタックルが首やノーバインドでのタックルだったりするとイエローカードが出されてしまう場合もある。

レシーバー
【れしーばー】戦
パスする選手をパッサー（passer）といえば、ボールをキャッチする選手はレシーバー（receiver）という。

レッドカード
【れっどかーど】試
イエローカードが2枚出されるとレッドカード相当になる。また、相手を踏みつけたり、空中にいる選手にタックルして相手が頭から落ちてしまったりと、危険なプレーの場合は1発でレッドカードに。もちろん、レッドカードが出されたら、退場となる。またあまりにも危険なプレーの場合、その後、数試合出られなくなる場合も。

レフリー
【れふりー】試
もともとは両チームから任された（refer）こと起源で、ルールに則っとり試合を進行させる人がレフリー（Referee）だ。レフリーが1人、両サイドにいるアシスタントレフリー、さらにTMO（テレビジョンマッチオフィシャル）を担当するレフリーで、審判団（＝マッチオフィシャル）を構成する。ワールドカップの笛を吹くにはシックス・ネーションズやスーパーラグビーで高い評価を受けないといけない。日本ではレフリーはA、A1、A2、女子A、B、Cと分かれており、A、A1レフリーは国際試合を含む、すべての試合を担当できる。

練習後、試合後はすぐにプロテインを飲む
【れんしゅうご、しあいごはすぐにぷろていんをのむ】あ

近年、ラグビーでは「S&C（ストレングス＆コンディショニング）」が重要されており、代表チームやトップリーグの強豪、大学、高校まで、トレーニングや練習の後には、すぐプロテインを飲むのが当たり前となった。練習や試合後にプロテインシェイカーを片手に歩いている選手もよく見かける。

ロータックル＝チョップタックル
【ろーたっくる＝ちょっぷたっくる】試

相手の膝や膝下にいって、相手を倒すようなタックルで、チョップ（たたき切るような）タックル（P.115参照）とも呼ばれる。チョップタックルを決めると相手の勢いを止め、さらに味方がジャッカルする好機が生まれる。

ロビー・ディーンズ
【ろびー・でぃーんず】人

1959年生まれのニュージーランド出身の元選手で、現在は世界的名将のひとり。現役時代はカンタベリー州代表選手やニュージーランド代表（キャップ5）のFBとしてプレー。引退後は指導者となり、カンタベリー州代表ヘッドコーチを経て、2000年にクルセイダーズの指揮官に就任し、スーパーラグビーで5度の優勝に導いた。オーストラリア代表指揮官として2011年ワールドカップにも出場。2014年からパナソニックの監督に就任し、2度のリーグ制覇に導いた。

ロール
【ろーる】試

ブレイクダウンでジャッカルなどボールに絡みにきた選手を、背中などとつかんで横に倒す（ロール）スキル。ただし首に手を回して相手をロールするとペナルティになってしまう。

しっかりバインドしながら倒さないと反則になってしまうぞ！

ワールドインユニオン(歌)
【わーるどいんゆにおん】㊊

ラグビーワールドカップの大会オフィシャルソングだ。イギリス出身の作曲家グスターブ・ホルストによる、オーケストラのための組曲「惑星(The Planets)」の中の「木星(Jupiter)」の第4主題中間部のメロディをモチーフとしており、独自の歌詞がつけられた楽曲。1991年にイングランドで開催されたラグビーワールドカップより、大会テーマソングとして使用されはじめて、その後は開催国の著名なシンガーにより歌い継がれている。なお2019年ワールドカップ日本大会は「いきものがかり」のボーカル吉岡聖恵さんが英語で歌う。

ワールドラグビー殿堂
【わーるどらぐびーでんどう】㊗

「ワールドラグビー殿堂(World Rugby Hall of Fame)」とは、ワールドラグビーからラグビー界に多大な貢献をした指導者、選手、関係者を選ぶもので、殿堂入りした証となる特別なキャップが授与される。1997年から選ばれており、日本では2012年に元日本代表WTB坂田好弘氏(現関西ラグビー協会会長)が、2016年には同じく元日本代表WTBで大畑大介氏が殿堂入りした。

ワールドラグビープレイヤーオブザイヤー
【わーるどらぐびーぷれいやーおぶざいやー】㊗

2001年から年間最優秀賞が発表されている男子15人制ラグビーの世界の年間最優秀賞だ。現在では男子だけでなく女子や男女7人制ラグビーの選手、コーチの最優秀賞も発表される。ニュージーランド代表のレジェンドであるFLリッチー・マコウ、SOダン・カーターはそれぞれ3度、現役ニュージーランド代表SOボーデン・バレットが2度受賞している。

Y.C. & A.C.
【わいしーあんどえいしー】㊗

横浜カントリー&アスレティッククラブの略称。神奈川県横浜市のスポーツクラブ。1868年にスコットランド人が中心となりクリケットクラブとして創設。1901年に慶應義塾大と日本で初となるラグビーの試合となったため、「日本ラグビー発祥の地」とも言われる。1959年から毎年4月に「Y.C.&A.C.セブンズ」が行われている。

和牛・川西
【わぎゅう・かわにし】㊂

川西賢志郎。水田信二とコンビを組む2006年結成のお笑いコンビのメンバー。1984年生まれ。大阪府東大阪府出身。コンビは2016年のM-1グランプリで敗者復活枠から決勝に進出し準優勝、翌17年、18年と準優勝した。川西は中学、清水谷高、龍谷大とラグビーを続け、当時のポジションはスタンドオフやセンターだったという。

早稲田
【わせだ】学

1918年創部と日本で4番目に古い歴史を持つラグビー部。正式には早稲田大学ラグビー蹴球部といい、関東大学対抗戦に属する人気チームだ。「早大」という名でも呼ばれる。ジャージーの色は「臙脂」で「アカクロ」とも呼ばれる。東西対抗は9回、大学選手権15回、日本選手権4回、対抗戦はリーグ戦と別れ現在の方式となってから23回とどれも最多優勝を誇る。練習場は東京都杉並区の上井草にある。慶應義塾大との早慶戦、明治との早明戦は大いに盛り上がりを見せる。伝統的に明治の縦に対して、横の揺さぶり、つまりランとパスによる展開ラグビーを持ち味とする。

ワラビーズ
【わらびーず】チ

ラグビーのオーストラリア代表の愛称だ。1991年と1995年の2度ワールドカップで優勝した強豪。ワラビーズという愛称は1908年の英国と北米遠征時につけられたという。英国メディアは最初「ラビッツ」と呼ぼうとしたが、オーストラリア側がこれを了承せず、オーストラリア固有の動物「ワラビー（小型のカンガルー）」にちなんだ。ちなみに「カンガルーズ」は13人制ラグビーオーストラリア代表の愛称である。

ワンフォーオールオールフォーワン
【わんふぉーおーるおーるふぉーわん】名

日本ではラグビー界だけでなく、「ワン・フォー・オール、オール・フォー・ワン（One for all, all for one／一人はみんなのために、みんなは一人のために）」は、ラグビー精神を示す言葉として日本で定着している。もとはアレクサンドル・デュマの「三銃士」が発祥。「Tous pour un, un pour tous」、つまり、本来は「みんな（Tous）」が先のよう。ただ海外では、この言葉はまったく浸透していない（1970年にニュージーランドで発売されたコーチング本の章のタイトルに使われていた）。山梨の日川高校の校庭には、ラグビー部が1980年に英国遠征した記念碑が建っており、「ONE FOR ALL, ALL FOR ONE　アレクサンドル・デュマ」とあることから、少なくとも1970年代から日本では使われていたことがわかる。

- ★ はラグビーワールドカップ優勝回数
- [ ] の中の数字は世界ランキング
- 試合数はこれまでのワールドカップでの試合の合計
- 試合の勝率はこれまでのラグビーワールドカップの成績をまとめたもの

得点、トライ、タックル数　ベスト3

	得点数	トライ獲得数	タックル数
1位	ニュージーランド (2302)	ニュージーランド (311)	オーストラリア (4020)
2位	オーストラリア (1645)	オーストラリア (209)	フランス (3862)
3位	フランス (1487)	フランス (171)	ニュージーランド (3702)
日本	14位 (526)	12位 (60)	11位 (2373)

ちなみに

アメリカ地区

カナダ
[22位]
29試合
勝率 24%

フィジー
[9位]
28試合
勝率 36%

アメリカ
[15位]
25試合
勝率 12%

サモア
[16位]
28試合
勝率 43%

ウルグアイ
[17位]
11試合
勝率 18%

トンガ
[13位]
25試合
勝率 28%

アルゼンチン
[10位]
37試合
勝率 51%

ニュージーランド
[1位]
50試合
★★★　勝率 88%

ラガーマンインタビュー❷

\ 趣味はラグビーだよ（笑）！ /

タマティ・エリソン 選手

栗田工業ウォーターガッシュ

「オールブラックス」ことニュージーランド（NZ）代表やスーパーラグビーで活躍し、現在は栗田工業ウォーターガッシュでプレイングコーチを務めているCTBタマティ・エリソンは、日本でプレーしてはや10年目。日本のラグビーや文化の良さ、そして日本でなぜプレーを続けているかを聞いた。

――まず、どうして日本でプレーしようと思ったのでしょう？

当時、私はオールブラックスの一員でしたが、同じCTBにマア・ノヌーとコンラッド・スミス（ともにNZ代表）がいたので、あまり試合に出るチャンスがなかったことが大きいです。日本のラグビーはここ最近、とても進化しました。従来の速いラグビーに加えて、スキルも上がって規律もよくなった。日本代表のいい影響だと思います。2015年のワールドカップが終わってから、多くのチームが成長しました。

――日本の印象は？

最初は大きなビルばかりで、自然や緑はあまりないかと思っていました。しかし、今は、川の近くに住んでいて、サイクリングも楽しんでいます。街も綺麗で清潔です。私はマオリ（NZの先住民族）の血を引いているのですが、マオリにとって食事というのは人との絆を深める大切な機会なので、家

族やチームメイトとも食事でコミュニケーションをとります。リコー時代はお気に入りのラーメン屋に週2回行っていました。

──日本語はどうでしょう？

いつかきちんと勉強したいですね！ ドラマやバラエティ番組をよく見ていて、「やっば！」とか少しずつ言葉を覚えていますよ（笑）。

──来日して10年目です。2018年からリコーを離れて栗田工業でプレイングコーチを務めています。

スーパーラグビーとトップリーグで1年中プレーできたことと、NZから日本が近かったことが大きかったです。最初は日本で長くプレーするつもりはなかったのですが、いつの間にか10年目になりました。今はコーチであり、選手でもあります。両立するのはとても大変なのですがやりがいがあります。栗田工業はどんどん成長していくチームなので、チームビルディングに携われるのが楽しいです。5年以内にトップリーグへ昇格させたいですね。SO忽那鐘太やFL佐藤慶など、若くて有望な選手が加入したので、彼らに自信がつくように力になりたいです。

──2019年のワールドカップが日本で開催されます。

日本代表のヘッドコーチ（HC）のジェイミー・ジョセフは私にとって友人であり、メンターでもあります。彼は非常に厳格ですが、情熱を持っています。指揮官の仕事はハードで、ワールドカップは大きな挑戦になるでしょう。トニー・ブラウンはまたジェイミーとは違ったタイプで、選手を信頼し、自信を与えるのが得意ですね。2人のコーチングスタイルが日本のラグビーの特性を生かしているように思います。

──準々決勝で日本とNZ代表が対戦するかもしれませんね。

もしそうなったら……NZを応援します（笑）。でも実現したら嬉しいですね。NZが優勝する可能性は高いと思いますが、北半球のチームも強いですし、アルゼンチンも脅威です。私は2019年が過去最高の大会になるような気がします。

──日本のファンにメッセージをお願いします。

ファンが応援し続けてくれれば日本のラグビーは成長します。サンウルブズのファンのようなサポートがチームを高いレベルに押し上げてくれます。ファンはラグビーの一部です。ワールドカップが終わっても、サンウルブズがもしなくなっても日本のラグビーを支え続けてほしいですね。

タマティ・エリソン
Tamati Ellison

ポジションはSO/CTB。1983年4月1日生まれ。184cm/100kg。NZウェリントン出身。2005年にブルーズでスーパーラグビーデビューし、その後はハリケーンズやハイランダーズ、レベルズに在籍。マオリ・オールブラックスでプレーした後、2009年にイタリア代表戦でオールブラックス初キャップを獲得。2010年に来日しリコーブラックラムズでプレー。2018年からは栗田工業でプレイングコーチを務める。日本代表のジェイミー・ジョセフHCとはウェリントン時代に薫陶を受け、ハイランダーズ時代も指導された。また、日本代表アシスタントコーチのトニー・ブラウンとはオタゴで、SH田中史朗とはオタゴとハイランダーズで、HO堀江翔太とはオタゴとレベルズ、PR稲垣啓太とはレベルズでチームメイトだった。母方の祖父もオールブラックス、弟のジェイコブとレオンも栗田工業でプレーするラグビー一家。NZ代表キャップ4。

これだけわかればいちおうOK！
レフリーシグナル11

そのポーズってどんな意味？

ラグビー初心者でも、レフリーのこの動きがわかれば、試合観戦がぐ～んと楽しめるはず。これだけおぼえてスタジアムへGO!!!

全般的によく見る

トライ
ラグビーで一番華のあるプレーは当然、トライだ。レフリーはグランディングを認めた後、ゴールラインに平行に立って、垂直に片手を挙げる。ペナルティトライ時は中央に立つ。

ペナルティーキック
何かしらの反則の後、片手を挙げて反則したチームと逆側を指すとペナルティキックだ。PGを狙うこともできるしタッチに蹴ってもいい。なおFKの時は、手は直角に曲げる。

TMO
ビデオ判定であるTMO（テレビジョンマッチオフィシャル）が必要なときは両手で画面のジェスチャー。トライかどうかや危険なプレー後にTMOを要求するレフリーは多い。

よく起こる反則

ホールディング
タックルが成立（バインドして、相手の肘や膝などが付いた状態）したら、タックルをした人は相手を離さないといけない。離さず、相手を妨害するとホールディングの反則だ。

オフサイド
ラックやモールが成立した後で、横からプレーに関与してしまうとオフサイドの反則となる。またラックよりも前の立ち位置からプレーに関わってもオフサイドとなる。

> 最も
> ポピュラーな
> 小さな反則

スクラムで再開

ノックオン

ラグビーで最も有名な、小さな反則である。ボール持っていたが前に落としてしまった場合は、ノックオンとなり、相手ボールのスクラムで試合は再開される。

スローフォワード

こちらも有名かつ小さな反則だ。自分よりも前に投げてしまったときはスローフォワードとなり、相手ボールのスクラムで試合は再開される。

ノットリリースザボール

ボールキャリアがタックルされても、肘や膝がついて倒れても、相手にボールを奪われまいと、そのままボールを離さない反則。

ハイタックル

相手の肩のラインより高い位置にタックルしてしまうと危険だということでハイタックルの反則を取られてしまう。空中にいる選手にタックルしても同様に反則となる。

ハンド

ラックが成立したにもかかわらず、ボールを手で扱ってしまうとハンドの反則になる。ラックができたかというかという見極めが大事になってくる。

ノットロールアウェイ

タックルした後は、速やかに、転退しないといけない。タックルした後も倒れたまま相手のプレーを邪魔してしまうと反則となる。

おわりに

　ここまで多くの「ラグビーに関わる言葉」を説明してきました。

　そのすべてを読み返してみると、ラグビーにまつわる言葉はルールだけでなく、あるある、歴史、伝説的な選手など多岐にわたっていることがわかります。そういった多様性こそが、そもそもラグビーの持っている大きな魅力のひとつです。

　また少し取っつきにくかったラグビーのルールにも馴染んで、少しでも疑問に思っていたことが解消されたでしょうか？　ラグビーにまつわる言葉やルールを知ることで、一歩でも二歩でも、よりラグビーの世界に近づくことができていたら幸いです。

　2019年9月からラグビーワールドカップが開催されます。日本代表の躍進ももちろん大いに期待していますが、世界の本物のラグビーが日本にやってきて、一人でも多くの人がラグビー好きになってくれることを期待しています！

　この本が、もし、少しでもその一助になれば書き手としては嬉しい限りです。そして、ワールドカップ以後も世界のラグビーや日本代表はもちろん、トップリーグ、大学、高校といった様々なカテゴリーのラグビーをいっしょに楽しみましょう！

参考文献、参考サイト

- 『ラグビーマガジン』ベースボール・マガジン社
- 『世界ラグビー基礎知識』ベースボール・マガジン社
- ワールドラグビー競技規則
- 日本ラグビーフットボール協会
  https://www.rugby-japan.jp
- ラグビーワールドカップ2019公式サイト
  https://www.rugbyworldcup.com
- ジャパントップリーグ公式サイト
  https://www.top-league.jp

ほか、高校・大学・トップリーグの各チーム公式サイト
各国協会のホームページ

著

斉藤健仁 さいとうけんじ

千葉県柏市育ち。ラグビーと欧州サッカーを中心に取材するスポーツライター。高校時代はタックル好きのFB。ラグビーは高校から日本代表、セブンズまで網羅し、エディー・ジャパン全54試合を現地で取材した。「スポーツナビ」「webSportiva」など各種新聞、雑誌、webで執筆、「Rugby Japan 365」の記者も務める。DAZNではラグビー番組の解説も担当。『エディー・ジョーンズ 4年間の軌跡』(ベースボール・マガジン社)、『ラグビー観戦力が高まる』(東邦出版)など著書多数。

絵

フルカワマモる

神奈川県出身。週刊少年ジャンプH☆S賞佳作を受賞、同作品で漫画家デビュー。現在は主に児童向けの漫画とイラストを描く。『牛乳カンパイ係、田中くん』『外食戦隊ニクレンジャー』(集英社)、『謎新聞ミライタイムズ』(ポプラ社)等の挿絵や作画を担当。高校時代は野球部で捕手。現在も野球とラグビーの観戦、イラストを描くのが趣味(イラストは自身のサイトとSNSで公開中)。

カバー・本文デザイン　SPAIS(熊谷昭典　吉野博之)
編集協力　小林泰拓(帝京高校ラグビー部監督)　野辺優子
編集協力・校正　齋藤龍太郎(楕円銀河)
編集　井上幸

ラグビーにまつわる言葉(ことば)をイラストと豆知識(まめちしき)を使い
ノーサイドの精神(せいしん)で読(よ)み解(と)く

ラグビー語辞典(ごじてん)
NDC783

2019年7月30日　発　行

著　者　斉藤健仁(さいとうけんじ)
発行者　小川雄一
発行所　株式会社 誠文堂新光社
　　　　〒113-0033 東京都文京区本郷 3-3-11
　　　　(編集) 電話 03-5805-7762
　　　　(販売) 電話 03-5800-5780
　　　　http://www.seibundo-shinkosha.net/
印刷・製本　図書印刷 株式会社
©2019, Kenji Saito
Printed in Japan　検印省略
本書記載の記事の無断転用を禁じます。
万一落丁・乱丁の場合はお取り替えいたします。

本書のコピー、スキャン、デジタル化等の無断複製は、著作権法上での例外を除き、禁じられています。本書を代行業者等の第三者に依頼してスキャンやデジタル化することは、たとえ個人や家庭内での利用であっても著作権法上認められません。

JCOPY 〈(一社)出版者著作権管理機構 委託出版物〉
本書を無断で複製複写(コピー)することは、著作権法上での例外を除き、禁じられています。本書をコピーされる場合は、そのつど事前に、(一社)出版者著作権管理機構(電話03-5244-5088／FAX03-5244-5089／e-mail:info@jcopy.or.jp)の許諾を得てください。

ISBN978-4-416-51995-0

カ・マテの踊り方 （ハカ）

ニュージーランド代表のオールブラックスが試合前に披露するハカのひとつ「カ・マテ」。歌詞と踊りを覚えて一緒に踊ってみてはいかがでしょう。

※ここで紹介したのはハカの基本的な動きです。どちらのハカも歴代のオールブラックスの手によって、細かいところを少しずつ変えながら引き継がれています。

 足踏みをして待つ

 両腕を上げ、太ももを打ってリズムをとる。

足ぶみとリズムをとる間は、リーダーからの掛け声が入り、チームは気合いを入れていきます。

① ② 2回　③ ④

Ka mate, ka mate　　Ka ora, ka ora

⑤ ⑥ 2回　⑦ ⑧

Ka mate, ka mate　　Ka ora, ka ora

⑨ 右手前
⑩ 左手前
⑪ 右手を2回上下させてゆらす

テネ テ タガタ プフルフル
Tēnei te tangata pūhuruhuru

ナナ ネイ イ ティキ マイ ファカ フィティ テ ラ
Nāna nei i tiki mai whaka whiti te rā

⑫
⑬ 右腕を2回たたく
⑭ 左腕を2回たたく
⑮ 右腕
⑯ 左腕

ア ウパーネ
Ā upane,

カ ウパネ
ka upane,

ア ウパーネ
Ā upane,

カ ウパネ
ka upane

⑰
⑱
⑲
⑳

フィティ
Whiti

テ ラ
te rā!

ヒ
Hi!

Ka Mate
カ・マテ歌詞

Ka mate, ka mate
［死ぬか、死ぬか］

Ka ora, ka ora
［生きるか、生きるか］

Ka mate, ka mate
［死ぬか、死ぬか］

Ka ora, ka ora
［生きるか、生きるか］

Tēnei te tangata pūhuruhuru
［この毛深い男が］

Nāna nei i tiki mai whaka whiti te rā
［太陽を呼び、輝かせるのだ］

Ā upane, ka upane
［1段上へのぼれ、もう1段上へ］

Ā upane, ka upane Whiti te rā
［そしてもう1段上へ、太陽が輝くところへ！］

Hi !
［上がれ］

ハカ
カパ・オ・パンゴの踊り方

特別な試合のときに行うハカの「カパ・オ・パンゴ」。ここぞというとき、自分を鼓舞したいときにぜひ踊って。

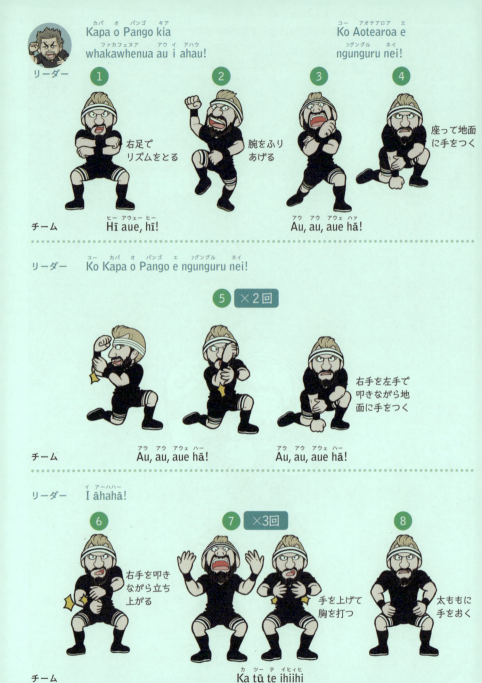

9 腕をあげる　10 太ももを打つ　11 右手を叩く　12 左手を叩く

チーム　Ka tū te wanawana　Ki runga ki te rangi e tū iho nei, tū iho nei, hī!

リーダー　Ponga rā!

13 手を前に出してゆらす　14 太ももを打つ　15 右手を叩く　16 左手を叩く

チーム　Kapa o Pango, aue hī!

リーダー　Ponga rā!

17　18　19　20

チーム　Kapa o Pango, aue hī, hā!

Kapa o Pango
カパ・オ・パンゴ歌詞

リーダー
Kapa o Pango kia whakawhenua au i ahau!
［黒の軍団よ、この地で我らは一つになれ！］

チーム
Hī aue, hī!
［なれ！］

リーダー
Ko Aotearoa e ngunguru nei!
［この我らのアオテアロア（NZ）の地が鳴り響く！］

チーム
Au, au, aue hā!
［今だ、今がその時だ！］

リーダー
Ko Kapa o Pango e ngunguru nei!
［その鳴動こそ我らが黒の軍団！］

チーム
Au, au, aue hā!
［今こそ我らの時だ！］

リーダー
I āhahā!
［そうだ！］

チーム
Ka tū te ihiihi
［恐怖に立ち向かえ］

チーム
Ka tū te wanawana
［恐れと戦うのだ！］

チーム
Ki runga ki te rangi e tū iho nei, tū iho nei, hī!
［この天の向こうまで、戦え、高く高く！］

リーダー
Ponga rā!
［我々の影が敵に襲いかかる！］

チーム
Kapa o Pango, aue hī!
［黒の軍団、いざ！］

リーダー
Ponga rā!
［シルバーファーン！］

チーム
Kapa o Pango, aue hī, hā!
［我らは黒の軍団！いざ！］